T0032025

BIBLIOTECA TODOROV 1

Los enemigos íntimos de la democracia

Tzvetan Todorov

Los enemigos íntimos de la democracia

Traducción de
Noemí Sobregués

Galaxia Gutenberg

Título de la edición original: *Ennemis intimes de la démocratie*
Traducción del francés: Noemí Sobregués

Publicado por
Galaxia Gutenberg, S.L.
Av. Diagonal, 361, 2.º 1.ª
08037-Barcelona
info@galaxiagutenberg.com
www.galaxiagutenberg.com

Primera edición en Galaxia Gutenberg: marzo de 2012
Primera edición en Biblioteca Todorov: marzo de 2022

Preimpresión: Maria Garcia
Impresión y encuadernación: Romanyà-Valls
Pl. Verdaguer, 1 Capellades-Barcelona
Depósito legal: B 3293-2022
ISBN: 978-84-18218-17-0

Malestar en la democracia

LAS PARADOJAS DE LA LIBERTAD

El tema de la libertad irrumpió muy pronto en mi vida. Hasta los veinticuatro años, vivía en un país con un régimen totalitario, la Bulgaria comunista. Es cierto que lo primero de lo que todo el mundo se quejaba a mi alrededor era de la escasez, de la dificultad para conseguir tanto los productos de primera necesidad como los pequeños extras que hacen la vida más agradable, ya sea comida, ropa, productos de aseo o mobiliario. Pero la falta de libertad venía inmediatamente después. Los dirigentes del país, con el apoyo de un sinfín de organizaciones y del aparato del partido, la policía y la policía política, a la que llamaban «Seguridad del Estado», controlaban todo tipo de actividades, por profesiones, por barrios, por edades, etc. Vigilaban todos los aspectos de nuestra vida, y el menor desvío respecto de la línea impuesta podía ser denunciado. Evidentemente, eso incluía los ámbitos que podían tener relación con los principios políticos que proclamaban, desde la literatura y las humanidades hasta las instituciones públicas, pero a ellos se añadían aspectos más neutros de la existencia, que en otras circunstancias nos costaría imaginar que puedan adoptar un significado ideológico: elegir dónde vivir y en qué trabajar, incluso cosas aparentemente tan banales como preferir un tipo de ropa u otro. Llevar minifalda o un pantalón demasiado ceñido (o demasiado ancho) era severamente castigado. La primera vez podían llevarte a la comisaría y darte un par de bofetadas, pero en caso de reincidencia podías acabar en un campo de «reeducación» del que nadie tenía garantías de salir vivo.

Según las necesidades de cada uno, se sufría más o menos esta falta de libertad. En aquella época yo era un chico curioso que vivía en la capital. Estudiaba letras. Me preparaba para ejercer una profesión intelectual, la docencia o la escritura. La palabra *libertad* era lícita, por supuesto, incluso se valoraba, pero, como los demás elementos de la propaganda oficial, servía para ocultar –o rellenar– su ausencia. A falta de la cosa en sí, teníamos la palabra. Los que querían participar en la vida pública sin convertirse en esclavos del dogma tenían que poner en práctica una variante de ese «arte de escribir olvidado» del que habla Leo Strauss, la lengua de Esopo. No decir, sino insinuar, un juego sutil del que también se podía acabar siendo víctima. Por lo que a mí respecta, era sensible a la falta de libertad de expresión, que carcomía también lo que la fundamenta, la libertad de pensamiento. Presencié –en silencio– humillaciones públicas de personas cuyo comportamiento consideraban demasiado alejado del modelo impuesto, y esperaba librarme de aquellas sesiones de «crítica» sin traicionar mis ideas.

Durante el último año que pasé en Bulgaria, recién salido de la universidad, daba tímidos pasos en la vida pública escribiendo para periódicos. Me sentía especialmente orgulloso de mí mismo cuando me daba la impresión de que había logrado sortear la omnipresente censura. Con ocasión de una fiesta nacional, un periódico me encargó que escribiera dos páginas. Decidí citar a varios héroes de la resistencia antifascista, ya fallecidos, que habían luchado contra la tiranía, personajes de virtudes indiscutibles. La trampa consistía en fingir que estaba evocando el pasado para hablar del presente y recordar que es preciso luchar por la libertad. Fue además el título que elegí para esas páginas: «¡Por la libertad!». Recuerdo que varias personas leyeron el artículo, se dieron cuenta de que estaba aludiendo al presente y me felicitaron por mi ingenio... Ésas eran las insignificantes victorias de las que en aquella época podía enorgullecerse un joven autor búlgaro. En cualquier caso, la libertad era para mí el valor más querido.

Doy ahora un salto de cuarenta y ocho años y me sitúo en la Europa actual. Y lo que constato, con una mezcla de perplejidad y de inquietud, es que la palabra *libertad* no siempre está vinculada a actitudes que comparto. Parece que en 2011 el término se ha convertido en el nombre comercial de partidos políticos de extrema derecha, nacionalistas y xenófobos: el Partido de la Libertad, en Holanda, liderado por Geert Wilders; el Partido Austriaco de la Libertad, que dirigía Jörg Haider hasta que murió. La Liga del Norte, de Umberto Bossi, presenta a sus candidatos a las elecciones italianas bajo el nombre de Liga del Pueblo de la Libertad, que se une así al Pueblo de la Libertad de Berlusconi. La avalancha de reacciones antimusulmanas y antiafricanas en Alemania, tras el éxito de un libro de Thilo Sarrazin, llevó a crear un partido inspirado en sus ideas, Die Freiheit (La Libertad), cuyo programa consiste en «luchar contra la rampante islamización de Europa». En Ucrania existe desde 1995 un partido nacionalista llamado Svoboda (Libertad), que milita contra las influencias extranjeras, tanto rusa como occidental, y contra la presencia de extranjeros. Su eslogan es «Ucrania para los ucranianos». Este dudoso empleo de la palabra no es del todo nuevo. A finales del siglo XIX se fundó el órgano de prensa del antisemitismo francés, dirigido por Édouard Drumont, que se llamaba *La Palabra Libre*.

En un primer momento creía que la libertad era uno de los valores fundamentales de la democracia, pero con el tiempo me di cuenta de que determinados usos de la libertad pueden suponer un peligro para la democracia. ¿Será un indicio el hecho de que las amenazas que pesan hoy en día sobre la democracia proceden no de fuera, de los que se presentan abiertamente como sus enemigos, sino de dentro, de ideologías, movimientos y actuaciones que dicen defender sus valores? ¿O incluso un indicio de que los valores en cuestión no siempre son buenos?

ENEMIGOS EXTERNOS E INTERNOS

El acontecimiento político más importante del siglo xx fue el enfrentamiento entre regímenes democráticos y regímenes totalitarios, en el que los segundos pretendían corregir los defectos de los primeros. Este conflicto, responsable de la Segunda Guerra Mundial, de unos sesenta millones de muertos y de infinitos sufrimientos, concluyó con la victoria de la democracia. Se venció al nazismo en 1945, y el hundimiento del comunismo data de noviembre de 1989, con la caída del muro de Berlín, que simboliza el desenlace. Es inconcebible que en un futuro próximo resurja la amenaza totalitaria. Es cierto que algunos países del mundo siguen reivindicando la ideología comunista, pero ya no nos parecen una amenaza, sino anacronismos que seguramente no sobrevivirán mucho tiempo. La única gran potencia, China, ya no se ajusta al «modelo ideal» de un régimen totalitario. Para los observadores, China es más bien un híbrido barroco de retórica comunista, administración centralizada represiva y economía de mercado que permite, incluso potencia –cosa inconcebible en los tiempos del comunismo soviético y maoísta–, la apertura al mundo exterior y el enriquecimiento de los individuos. Nos cuesta imaginar que en un futuro pudiera producirse una agresión militar china contra las democracias occidentales. El fin de la guerra fría supuso la desaparición de la amenaza comunista.

A principios del siglo xxi, a consecuencia de la acción conjunta de varios politólogos influyentes y del ataque del 11 de septiembre de 2001 contra Estados Unidos, se afirmó que un nuevo enemigo había ocupado el lugar del antiguo, a saber, el islamismo integrista, que llamaba a la guerra santa contra todas las democracias, empezando por Estados Unidos. El hecho de que aviones kamikazes destruyeran las torres gemelas de Nueva York y causaran la muerte de tres mil personas impactó a todo el mundo y puso de manifiesto un peligro real, pero de ahí a equipararlo con el que suponía el imperio soviético hay un paso que no podemos dar tan tranquilamente. Aunque el integrismo islámico es una fuerza a tener en cuenta en los países de mayoría musulmana, la amenaza que representa su versión internacional (lo que llamamos Al Qaeda) para los países occidentales no tiene nada que ver con la que suponían los países comunistas, ya que lo que exige son intervenciones policiales, no poner en marcha un ejército poderoso. La violencia que encarna recuerda más a la Fracción del Ejército Rojo alemana y a las Brigadas Rojas italianas que al Ejército Rojo de Stalin.

Los atentados terroristas de este tipo han dejado una profunda huella en las sociedades democráticas no tanto por los daños que causaron cuanto por las espectaculares reacciones que suscitaron. Estados Unidos reaccionó a esa hábil provocación como un toro arremetiendo contra el capote que agitan ante sus ojos. Porque ¿qué proporción podemos establecer entre el ataque puntual a las torres de Nueva York y las guerras de Afganistán e Irak, que duran ya años, han provocado cientos de miles de víctimas, han costado miles de millones de dólares y han hecho que se tambaleara por mucho tiempo la reputación (e indirectamente la seguridad) de Estados Unidos en esas zonas? Además, esta política ha infligido daños dentro del propio país, daños que han repercutido en sus aliados europeos, como sucede con la aceptación legal de la tortura, de la discriminación de las minorías y de las restricciones impuestas a las libertades civiles.

El terrorismo islámico (o yihadismo) no es un candidato creíble a ocupar el papel que antaño representaba Moscú. Hoy en día ningún modelo de sociedad no democrática se presenta como rival de la democracia. Todo lo contrario. Vemos que la aspiración a la democracia se pone de manifiesto prácticamente en todos los lugares en los que hasta ahora no existía. Eso no quiere decir que las democracias no deban ya pensar en protegerse con las armas. La población mundial no ha quedado sustituida de repente por una tribu de ángeles. Sigue habiendo muchas razones para la hostilidad, incluso la agresión, entre pueblos, pero ya no hay un enemigo global, un rival a nivel mundial. En contrapartida, la democracia genera por sí misma fuerzas que la amenazan, y la novedad de nuestro tiempo es que esas fuerzas son superiores a las que la atacan desde fuera. Luchar contra ellas y neutralizarlas resulta mucho más difícil, puesto que también ellas reivindican el espíritu democrático, y por lo tanto parecen legítimas.

Esta situación –el mal que surge del bien– no tiene en sí misma nada de paradójica. Todos conocemos ejemplos. En el siglo XX nos enteramos de que el hombre se convirtió en una amenaza para su propia supervivencia. Gracias a los fulgurantes avances de la ciencia, descubrió algunos secretos de la materia y pudo transformarla. Pero esto quiere también decir que está amenazado por las explosiones nucleares, por el calentamiento del planeta, por el efecto invernadero y por la mutación de las especies, resultado de las manipulaciones genéticas. A diferencia de lo que pensaban nuestros antepasados de los siglos XVIII y XIX, hemos llegado a la convicción de que la ciencia, además de una proveedora de esperanza, puede ser una fuente de peligros para nuestra supervivencia. Lo mismo sucede con las innovaciones tecnológicas, que nos permiten reducir el esfuerzo físico, pero que a menudo empobrecen nuestra vida espiritual. Todo depende del uso que hagamos de ellas.

Nos sentimos orgullosos del principio de igualdad de derechos entre los individuos y entre los pueblos, pero al mismo tiempo somos conscientes de que si todos los habitantes del mundo consumieran la misma cantidad de productos que las poblaciones occidentales, nuestro planeta se quedaría rápidamente sin recursos. Afirmamos alto y claro que todos los seres humanos tienen el mismo derecho a la vida, y por lo tanto nos alegramos de los avances de la medicina preventiva, que reduce la mortalidad infantil, pero sabemos que el aumento ilimitado de la población terrestre sería una catástrofe.

Estas situaciones paradójicas nos resultan muy familiares. La de la democracia engendrando a sus propios enemigos lo es un poco menos.

LA DEMOCRACIA, ACECHADA POR LA DESMESURA

El régimen democrático se define a partir de una serie de características que se combinan entre sí para formar una entidad compleja, en cuyo seno se limitan y se equilibran mutuamente, ya que, aunque no se oponen frontalmente entre sí, tienen orígenes y finalidades diferentes. Si se rompe el equilibrio, debe saltar la señal de alarma.

En primer lugar, la democracia es, en el sentido etimológico, un régimen en el que el poder pertenece al pueblo. En la práctica, toda la población elige a sus representantes, que de manera soberana establecen las leyes y gobiernan el país durante un espacio de tiempo decidido previamente. A este respecto la democracia se diferencia de las sociedades tradicionales, que dicen someterse a principios heredados de los antepasados, y de las monarquías absolutistas dirigidas por un rey por derecho divino, en las que la sucesión de los dirigentes depende de si se pertenece a determinada familia. En una democracia, el pueblo no equivale a una sustancia «natural». Se diferencia no sólo cuantitativa, sino también cualitativamente tanto de la familia, del clan y de la tribu, donde lo que prima es el vínculo de parentesco, como de toda entidad colectiva definida por la presencia de un rasgo como la raza, la religión o la lengua de origen. Forman parte del pueblo todos los que han nacido en el mismo suelo, a los que se añaden los que han sido aceptados por éstos. En una democracia, al menos teóricamente, todos los ciudadanos tienen los mismos derechos, y todos los habitantes son igualmente dignos.

A las democracias modernas se las llama liberales cuando a este primer principio fundamental se suma un segundo: la libertad de los individuos. El pueblo sigue siendo soberano, cualquier otra opción supondría someterlo a una fuerza exterior, pero su poder es limitado. Debe detenerse en las fronteras del individuo, que es dueño de sí mismo. Una parte de su vida depende del poder público, pero otra es independiente. La plenitud personal se ha convertido en un objetivo legítimo de la vida de los individuos. Así, no es posible reglamentar la vida en sociedad en nombre de un único principio, ya que el bien de la colectividad no coincide con el del individuo. La relación que se establece entre las dos formas de autonomía, la soberanía del pueblo y la libertad personal, es de mutua limitación: el individuo no debe imponer su voluntad a la comunidad, y ésta no debe inmiscuirse en los asuntos privados de sus ciudadanos.

Las democracias apelan además a determinada concepción de la actividad política, y también en este caso intentan evitar los extremos. Por una parte, a diferencia de las teocracias y de los regímenes totalitarios, no prometen a sus ciudadanos la salvación, ni les imponen el camino a seguir para conseguirla. Su programa no incluye construir el paraíso en la tierra, y se da por sentado que todo orden social es imperfecto. Pero, por otra parte, las democracias tampoco se confunden con los regímenes tradicionalistas y conservadores, que consideran que jamás deben ponerse en cuestión las reglas impuestas por la tradición. Las democracias rechazan las actitudes fatalistas de resignación. Esta posición intermedia permite interpretaciones divergentes, pero podemos decir que toda democracia implica la idea de que es posible mejorar y perfeccionar el orden social gracias a los esfuerzos de la voluntad colectiva. La palabra *progreso* está actualmente bajo sospecha, pero la idea que engloba es inherente al proyecto democrático. Y el resultado está ahí: los habitantes de los países democráticos, aunque a menudo están insatisfechos con sus circunstancias, viven en un mundo más justo que los de los demás países. Las leyes los protegen, gozan de la solidaridad entre miembros de la sociedad, que beneficia a los ancianos, a los enfermos, a los parados y a los pobres, y pueden apelar a los principios de igualdad y de libertad, incluso al espíritu de fraternidad.

La democracia se caracteriza no sólo por cómo se institu-ye el poder y por la finalidad de su acción, sino también por cómo se ejerce. En este caso la palabra clave es *pluralismo*, ya que se considera que no deben confiarse todos los pode-res, por legítimos que sean, a las mismas personas, ni deben concentrarse en las mismas instituciones. Es fundamental que el poder judicial no esté sometido al poder político (en el que se reúnen los poderes ejecutivo y legislativo), sino que pueda juzgar con total independencia. Lo mismo sucede con el poder de los medios de comunicación, el más reciente, que no debe estar al servicio exclusivo del Gobierno, sino mante-nerse plural. La economía, que depende de los bienes priva-dos, conserva su autonomía respecto del poder político, que a su vez no se convierte en simple instrumento al servicio de los intereses económicos de algunos magnates. Así, la volun-tad del pueblo tropieza con un límite de otro orden: para evitar que sufra los efectos de una emoción pasajera o de una hábil manipulación de la opinión, debe ajustarse a los grandes principios definidos tras una madura reflexión y consignados en la Constitución del país, o simplemente he-redados de la sabiduría popular.

Los peligros inherentes a la idea de democracia proceden del hecho de aislar y favorecer exclusivamente uno de sus elementos. Lo que reúne estos diversos peligros es la presen-cia de cierta desmesura. El pueblo, la libertad y el progreso son elementos constitutivos de la democracia, pero si uno de ellos rompe su vínculo con los demás, escapa a todo intento de limitación y se erige en principio único, esos elementos se convierten en peligros: populismo, ultraliberalismo y mesia-nismo, los enemigos íntimos de la democracia.

Los antiguos griegos consideraban que el peor defecto de la acción humana era la *hybris*, la desmesura, la voluntad ebria de sí misma, el orgullo de estar convencido de que todo es posible. La virtud política por excelencia era exacta-mente su contrario: la moderación, la templanza. Uno de los primeros que habló del tema, Heródoto, cuenta en su *Histo-ria* un caso de *hybris* que tuvo consecuencias desastrosas.

Jerjes, rey de los persas, quería hacer la guerra a los atenien-
ses para ampliar todavía más las fronteras de su reino y de
su poder. Antes de tomar la decisión definitiva pidió opinión
a sus consejeros. Uno de ellos, Artábano, intentó convencer-
lo de que no entrara en guerra: «La divinidad tiende a abatir
todo lo que descuella en demasía. De ahí que, por la misma
razón, un numeroso ejército pueda ser aniquilado por otro
que cuente con menos efectivos: cuando la divinidad, por la
envidia que siente, siembra con sus truenos pánico o descon-
cierto entre sus filas, dicho ejército, en ese trance, resulta
aniquilado de manera ignominiosa, si tenemos en cuenta
su número. Y es que la divinidad no permite que nadie, que
no sea ella, se vanaglorie».[1] El rey no hizo caso de este sabio
consejo, y las consecuencias tanto para él como para su país
fueron desastrosas.

Para los antiguos griegos, los dioses castigan el orgullo de las personas que quieren ocupar su lugar y creen que
pueden decidirlo todo. Para los cristianos, el hombre carga
desde que nace con el pecado original, que limita seriamente
sus aspiraciones. Los habitantes de los países democráticos
modernos no creen necesariamente en los dioses ni en el pecado original, pero el papel de freno de sus aspiraciones lo
desempeña la propia complejidad del tejido social y del régimen democrático, las múltiples exigencias que éste tiene que
conciliar y los intereses divergentes que intenta satisfacer. El
primer enemigo de la democracia es la simplificación, que
reduce lo plural a único y abre así el camino a la desmesura.

Para comentar en este libro las amenazas internas de la democracia, las que proceden de sus elementos constitutivos
–progreso, libertad y pueblo–, recurriré a mi experiencia
personal. Pasé el primer tercio de mi vida en un país totalitario, y los otros dos en una democracia liberal. Como historiador de las ideas, no he podido evitar ilustrar mi tema
recordando algunos episodios del pasado, pero esos comen-
tarios son apresurados y no pretenden sustituir los análisis

de otras obras, tanto mías como de otros autores. No es mi intención hacer una exposición exhaustiva. Nada digo de otras amenazas internas para la democracia. Sólo comento los aspectos que me son más cercanos. Debo mucho a varios autores a los que cito en este texto, pero sobre todo a mi amigo François Flahault, filósofo e investigador en ciencias humanas, cuyas palabras y escritos enriquecen mis reflexiones desde hace décadas. Mi objetivo en estas páginas no es proponer remedios o fórmulas magistrales, sino ayudar a entender mejor el tiempo y el espacio en los que vivimos.

2

Una antigua controversia

LOS PERSONAJES

Antes de entrar de lleno en el tema quisiera comentar un episodio del pasado lejano que confío en que nos ayudará a esclarecer el presente.

La historia tiene lugar hace unos mil seiscientos años, y el escenario en el que se origina la acción es Roma. En el siglo IV la religión cristiana empezó a acercarse al poder político. A principios de ese siglo el emperador Constantino se convirtió. Uno de sus sucesores, Teodosio, hizo del cristianismo la religión oficial del imperio y prohibió los ritos paganos. Roma se convirtió en escenario de controversias entre los defensores de diferentes interpretaciones del dogma, entre ellos un predicador elocuente llamado Pelagio, procedente de las islas británicas. Debió de nacer hacia el año 350, y llegó a Roma en torno al 380. En sus prédicas fustiga las costumbres disolutas de los ricos romanos y les pide que obren atendiendo a su salvación, que obedezcan los preceptos cristianos, que renuncien a los placeres de la carne y que repartan sus riquezas entre los pobres. Su destino está en sus manos, y ellos son los responsables de todas sus debilidades. Las enseñanzas de Pelagio impresionan a los jóvenes de buena familia, que forman a su alrededor un círculo de discípulos. Se arrepienten de su vida pasada, llena de pecados, y les tienta la santidad.

Las controversias teológicas no son la única preocupación de los romanos. Desde hace algún tiempo las tribus del norte atacan al imperio con una fuerza inquietante. En 408, liderados por su jefe Alarico, los visigodos sitian la ciudad. Los obligan a retirarse, pero vuelven a finales del año siguiente. Entre ambos ataques, los romanos empiezan a huir, entre ellos Pelagio y varios discípulos suyos. En 409 embarca rumbo a Cartago, provincia romana del norte de África, y desde allí se desplaza a la ciudad de Hipona, donde pide reunirse con el obispo cristiano, un tal Agustín.

Agustín nació en el norte de África, tiene aproximadamente la misma edad que Pelagio y, como él, fue a Italia y se convirtió al cristianismo. Unos años después volvió a su tierra natal, donde se hizo cura, y en 395 pasó a ser obispo de Hipona. Autor prolífico que domina tanto la cultura clásica como la nueva teología, participa en gran cantidad de controversias con pensadores cristianos de opiniones distintas a las suyas. A finales de siglo escribe y publica un libro muy original, las *Confesiones*, que trata sobre su vida y su fe cristiana. Pelagio ha oído hablar de Agustín en Roma y no está de acuerdo con todas sus ideas. Le indigna especialmente constatar que el obispo no confía en sus fuerzas y prefiere abandonarse a la voluntad de Dios. Agustín nada sabe de las reticencias de Pelagio, aunque quizá algo le ha llegado de sus doctrinas, que tampoco le gustan, de modo que rechaza amablemente la propuesta de reunirse con él. Los dos hombres jamás se encontrarán.

Un año después Pelagio se marcha del norte de África y se desplaza a Palestina, en donde se han agrupado muchos otros refugiados romanos apasionados por los temas de la fe. En Jerusalén proliferan las controversias religiosas, en las que Pelagio y sus discípulos participan activamente. En 411 un concilio condena su interpretación del cristianismo, lo que no impide a Pelagio publicar varias misivas y tratados en los años siguientes. En 415 un sínodo lo declara inocente de todas las acusaciones de herejía. Agustín se entera y decide salir a la palestra. Ese mismo año escribe un tratado antipelagiano titulado *La naturaleza y la gracia*, y en los años siguientes aparecerán muchos otros textos sobre este tema. Se dedicará a rebatir a los pelagianos hasta su muerte, en 430. Es uno de los conflictos más importantes de toda la historia del cristianismo, y sus repercusiones siguen vigentes entre nosotros. ¿De qué se trata?[1]

PELAGIO: VOLUNTAD Y PERFECCIÓN

Para Pelagio, el ser humano no puede ser del todo malo. Por supuesto, Pelagio es consciente –porque no deja de observarlo a su alrededor– de que el amor a la riqueza es insaciable y de que el deseo de honores nunca está satisfecho, pero reducir a los hombres a estas inclinaciones sería engañarse. El hombre no es, o no es sólo, un lobo para el hombre. Por lo demás, si lo fuera, toda esperanza de mejorarlo sería vana. ¿En qué nos apoyaríamos? ¿Cómo pedirle virtudes contrarias a su naturaleza? Este postulado inicial procede del libro santo: Dios creó al hombre a su imagen (Génesis 1:27), y Dios es bueno. Podemos también confirmarlo empíricamente. Cuando llevamos a cabo actos viles, tenemos mala conciencia, nos ruborizamos y sentimos remordimientos o vergüenza. Todos los seres humanos poseen esta conciencia, que está de parte del bien. Es una especie de tribunal moral que reside en nosotros y que no depende de las doctrinas en las que creamos. La poseen los paganos tanto como los cristianos.

De entre las facultades positivas que poseen los hombres hay que destacar una. El Dios de la Biblia gozó de una libertad que le permitió crear el mundo y al hombre de la nada. Si creó a este último a su imagen, también el hombre dispone de libre voluntad. Pelagio apoya su convicción en un texto bíblico que en adelante se citará a menudo en este tipo de contextos. En la versión griega del Eclesiástico (15:14) leemos que Dios «creó al hombre y lo dejó librado a su propio albedrío» (el original hebreo dice «a su propia inclinación»). Y así como la voluntad divina no conoce límites, la voluntad humana puede superar todos los obstáculos. Al disponer de voluntad, podemos dirigir nuestros actos y diferenciamos el bien del mal. «No podemos hacer ni el bien ni el mal sin el ejercicio de nuestra voluntad, y siempre tenemos la libertad de hacer uno de los dos» (*A Demetria*, 8.1).[2] Un ser totalmente determinado por su naturaleza no puede ser objeto de juicio moral. La dignidad del hombre procede de su capacidad de elegir, y precisamente por esta facultad de deliberación se diferencia de los animales.

A partir de aquí se tambalea la idea de pecado original. Si todos los miembros de la especie humana son pecadores, hagan lo que hagan, tan sólo por ser descendientes de Adán, su voluntad estaría limitada, e indirectamente la de Dios. El razonamiento de Pelagio es el siguiente: si la acción que se nos pide no dependiera de nuestras capacidades, no podría decirse que no llevarla a cabo es un pecado. No podemos reprocharle a nadie que no corra a cien kilómetros por hora, porque está por encima de las posibilidades humanas. Para que podamos calificar un acto como pecado es preciso que hayamos podido actuar de otra manera, y por lo tanto que dependa de nuestra voluntad. Si superamos la dificultad, será mérito nuestro, y si fracasamos, culpa nuestra. «El origen del pecado del hombre no está en su naturaleza, sino en su voluntad» (*A un amigo mayor*, 1.5). Si pecamos, no es porque hayamos *heredado* el pecado de Adán, sino porque *imitamos* el gesto de nuestro antepasado. El pecado no es innato, sino adquirido.

Aunque el dogma no nos ofrece razones para rechazar la existencia de algo que nos impida ser mejores, la lógica de la educación debería imponérnoslas. El mejor procedimiento pedagógico consiste en poner de manifiesto las buenas inclinaciones que nos son innatas. Si sabemos de antemano que estamos condenados al pecado, desaparece gran parte del aliciente para actuar. Abandonamos todo esfuerzo, aceptamos nuestro destino y nos resignamos al mal que hemos hecho. Es precisamente esto lo que Pelagio reprocha a la doctrina de Agustín que lee en las *Confesiones*. Todo criminal podría pedir que le perdonaran su crimen con la excusa de que ha sufrido la presión del pecado original. Por el contrario, si sabemos que en nuestro acto no había la menor fatalidad y que habríamos podido actuar de otra manera, se nos incitará a corregirnos.

Así, el hombre puede salvarse por sí mismo. Esto no convierte en totalmente inútil la intervención divina, pero nos lleva a circunscribir su lugar. Desde el momento en que tiene existencia, el individuo no debe esperar a recibir la gracia de Dios para salir de un posible mal paso, sino que debe contar con sus propias fuerzas. La gracia es indispensable, pero precisamente la gracia consiste en que, desde el principio, Dios ha dotado de libertad al hombre. Agustín resumirá más adelante este razonamiento de los pelagianos: «Dicen que no es necesaria la ayuda de Dios para cumplir sus mandamientos, porque su gracia nos ha dado la libre voluntad».[3] En definitiva, Dios es útil antes y después de la vida terrenal del individuo. Antes, para concedernos ese valioso viático, una conciencia capaz de diferenciar el bien y el mal, y una voluntad que permite buscar el uno y evitar el otro, y después, cuando llega el juicio final, para repartir los premios y los castigos. Pero entre ambos Dios se retira y observa desde la distancia los movimientos del hombre, nos deja como amos y dueños de nosotros mismos, a merced de nuestras decisiones.

Pelagio cree ser un cristiano ortodoxo, pero no está de más preguntarnos si su doctrina sigue apuntando a la religión o si acaso se ha convertido en una regla de vida, una ética. Como Dios ha concedido su gracia a todos los miembros de la especie humana, en realidad no es necesario ser cristiano para salvarse. Hay paganos virtuosos que también se salvan. La primera cualidad que se exige a los seres humanos no es la sumisión –al dogma o a la Iglesia–, sino el autocontrol y la fuerza de carácter; no la humildad, sino que tome el destino en sus manos, y por lo tanto la autonomía. El dios de Pelagio hace pensar en Prometeo, el titán griego que entregó el fuego a los hombres, y les permitió así controlar su propia vida. Desde este punto de vista, Pelagio –un sabio austero– recuerda más a los sabios de la Antigüedad que a los cristianos que obedecen a sus pastores, se someten a la autoridad de una institución, la Iglesia, y esperan pasivamente la gracia divina. En este sentido está más cerca de los estoicos que de los predicadores piadosos, y cuenta sobre todo con medios exclusivamente humanos para hacernos avanzar por el camino de la salvación: educación, marco social y esfuerzos individuales.

Dado que el ser humano no carga con una insuficiencia innata, con un pecado original, nada limita sus intentos de perfeccionarse. El ideal divino está a su alcance. Pelagio cita en favor de esta conclusión una obra famosa en su tiempo, *Las sentencias* de Rufino. En ella leemos la siguiente reflexión: «Dios concedió a los hombres la libertad de elección, sin la menor duda con la finalidad de que viviendo de forma pura y sin pecado pudieran llegar a ser como Dios». Es cierto que tanto en el Antiguo como en el Nuevo Testamento encontramos frases que contemplan la posibilidad de que los hombres lleguen a ser como dioses: «Sed, pues, vosotros perfectos, como vuestro Padre que está en los cielos es perfecto» (Mateo 5:48), o «¿No está escrito en vuestra ley: "Yo dije: Dioses sois"?» (Juan 10:34, que alude a Salmos 82:6). Pero el sentido que Pelagio y Rufino dan a esta frase es más fuerte. No sólo se trata de imitar el ejemplo divino. En lo que respecta a la gestión de su vida, el hombre dispone de capacidades comparables a las de Dios, será el creador de su ser. Lo que en este caso nos viene a la cabeza son las palabras de la serpiente cuando invita a Eva a probar el fruto del árbol de la ciencia del bien y del mal: «El día que comáis de él serán abiertos vuestros ojos y seréis como Dios» (Génesis 3:5), es decir, las palabras que llevan al pecado original.

Con un objetivo tan sublime, ningún esfuerzo o sacrificio es excesivo. La recompensa será la gloria eterna. Pelagio es un maestro exigente que no acepta las habituales excusas por la vida relajada que llevan sus conciudadanos. El progreso está al alcance de nuestra mano, Dios nos ha dado esa capacidad, así que basta con añadir la voluntad. La perfección es accesible a los seres humanos, y por lo tanto tienen que aspirar a ella. Todos deben someterse a determinadas reglas de conducta, pero los que quieren alcanzar el bien se enfrentan a exigencias más elevadas. Pelagio escribe una larga carta a una chica joven, Demetria, destinada a casarse, pero que decidió consagrar su vida a Cristo y mantenerse virgen. La anima sin reservas. Los ricos deben repartir inmediatamente sus bienes entre los pobres. Por el contrario, los que fracasan no tienen excusa y recibirán los castigos oportunos. Adán y Eva fueron condenados a convertirse en mortales por haber transgredido una prohibición sobre lo que comer. ¿Cómo vamos a librarnos de una dura pena por pecados más graves? De todas formas, hay pocas posibilidades de conseguir favores con la excusa de que el pecado cometido ha sido ligero. ¿Acaso creen que en el infierno a unos les espera una hoguera más débil y a otros una más intensa?, exclama Pelagio. Todos arderán hasta el fin de los tiempos por no haber sabido aprovechar su oportunidad de llegar a ser como dioses.

Pelagio tiene una visión optimista de las capacidades humanas, y precisamente por eso eleva mucho el nivel de exigencia. Si el individuo fracasa, no tiene excusa y de nada sirve culpar a Dios, a la Providencia, a la sociedad o a las circunstancias. Sólo depende de él, y todo es culpa suya. Si a su derrota se añade la sensación de vergüenza o la depresión nerviosa, lo habrá merecido. Por otro lado, si este individuo no se limita a actuar para perfeccionarse, sino que decide que es responsabilidad suya llevar por este camino a sus conocidos y a sus conciudadanos, podemos imaginar las consecuencias: ningún sacrificio que les exija será excesivo. Dado que algunos se creen como dioses, ¿quién podría reprocharles que sometieran a los demás, más débiles que ellos, para llevarlos por ese camino? Cuando la recompensa es tan grande, ¿acaso no merece la pena?

AGUSTÍN: INCONSCIENTE Y PECADO ORIGINAL

Agustín, obispo de Hipona, dedica su vida a la Iglesia. Al ver que Pelagio no le otorga un papel especial, que recomienda a los ricos que repartan sus bienes directamente entre los pobres, en lugar de confiarlos a los representantes de Dios en la tierra, sólo puede desconfiar. Y dedicará los últimos años de su vida a refutar sistemáticamente el pelagianismo.

En primer lugar, Agustín se dispone a atacar la interpretación de la psicología humana que se desprende de los escritos de Pelagio, para quien el comportamiento humano puede someterse enteramente a la voluntad. Imagina que el hombre es del todo transparente para sí mismo, perfectamente accesible a su consciencia y a su voluntad, y que no hay la menor distancia entre lo que es y lo que quiere. Grave error, replica Agustín. El autor de las *Confesiones* ha escrutado durante años su propio ser y sabe que las cosas no son así. «Hay cosas en el hombre que aun el propio espíritu que lo anima no las sabe cabal y perfectamente» (X, 5).[4] «Yo mismo no acabo de entender todo lo que soy. Pues qué, ¿el alma no tiene bastante capacidad para que quepa en ella todo su propio ser?» (X, 8). «También son dignas de llorarse las tinieblas de nuestra ignorancia, en las cuales aún no alcanzo a ver hasta dónde puede o no puede extenderse mi facultad» (X, 32). No todos nuestros deseos son conscientes. No tenemos acceso a todo nuestro ser, por lo tanto nuestra conducta no es sólo efecto de la voluntad. No controlamos las fuerzas que actúan en nosotros. «Porque de haberse la voluntad pervertido, pasó a ser apetito desordenado; y de ser éste servido y obedecido, vino a ser costumbre; y no siendo ésta contenida y refrenada, se hizo necesidad» (VIII, 5). El ser que somos puede elegir lo que quiere, pero no elegimos nuestro ser, no somos una creación de nuestra voluntad. El principal ejemplo que pone Agustín de estas motivaciones inconscientes es la atracción que sentimos por una persona, amigo o amante. No amamos a los que hemos elegido, sino que elegimos a los que amamos.

Al no ser dueño de sí mismo, al no conocer la naturaleza de las fuerzas que lo dirigen, el ser humano no puede fiarse de su voluntad ni exigirle su salvación. La libertad no es una ilusión, pero nunca somos del todo libres. Como máximo podemos estar en el camino de la liberación, ser más libres hoy que ayer. Un hombre jamás se acercará a la libertad divina.

El intento de dominar todas nuestras pulsiones inconscientes, de superar definitivamente la impotencia humana, lleva a lo que Agustín llama el pecado original. La idea aparece ya en las epístolas de Pablo, pero es sin duda Agustín el que elabora esta doctrina en sus controversias contra Pelagio. El pecado original señala una carencia o una debilidad propia de todo individuo que forma parte de la especie humana, que hereda al nacer, es decir, una tara fundamental, que nada tiene que ver ni con la voluntad ni con los intentos de superarla. Algunas veces Agustín sugiere que esa tara es la presencia en nosotros de deseos ardientes e irreprimibles, la concupiscencia: libido sexual, gula y codicia. Pero el pecado original en sí, el de Adán y Eva, no es producto de este tipo de deseo, sino que procede de la transgresión de una única prohibición, la de probar el fruto del árbol de la ciencia. Al haber decidido aprender por sí mismos en qué consisten el bien y el mal, y ser así capaces de orientar su existencia, los antepasados de la humanidad pecaron. Se negaron a obedecer y optaron por la autonomía. Por eso dice san Pablo que «por la desobediencia de uno solo muchos fueron constituidos pecadores» (Romanos 5:19). El pecado original supone elegir el orgullo en detrimento de la humildad, rechazar la autoridad externa y desear ser dueño de uno mismo. Cuando Pelagio afirma que los hombres pueden salvarse por sí mismos, reitera y glorifica el pecado original. No es sorprendente que Agustín lo rebata...

Para Agustín, los caminos que llevan a la salvación son muy diferentes. Ningún hombre puede liberarse por sí mismo.

Pero la salvación es posible. La impotencia del hombre no lo condena a arder eternamente en el infierno. El primer paso consiste en abrazar la religión cristiana. Al morir en la cruz, Jesús redimió al género humano, y al unirnos a la Iglesia por medio del bautismo, damos un primer paso hacia la salvación. El paso siguiente consiste en someter nuestra conducta a los preceptos de la Iglesia. Lo que nos salva es la obediencia, y lo que nos pierde es la aspiración a tener mayor autonomía. La fuerza procede de la fe, no de la voluntad o de la razón. En definitiva, para salvarse hay que contar no con la libertad humana, sino con la gracia divina, que el ser humano no puede provocar ni prever. Los caminos de Dios son inescrutables. No basta con acumular acciones virtuosas para obtener la gracia. Como resumirá siglos después una frase jansenista, «Dios no nos debe nada». La salvación no es una recompensa para premiar a los buenos alumnos. La iniciativa personal es inútil o dañina. Más vale someterse al dogma, es decir, a la tradición. Al renunciar a guiarnos por nosotros mismos, acabaremos amando el bien que nos señala la autoridad y ejerciendo nuestra libertad para seguir los mandamientos recibidos.

El hombre es impotente y está condenado a seguir siéndolo. A este respecto, la opinión de Agustín es mucho menos optimista que la de Pelagio. Pero en cuanto a lo que se le exige, Agustín es considerablemente más acomodaticio que su rival. Es cierto que, en su calidad de cura y de obispo, ha tenido que relacionarse con gente del pueblo, mientras que Pelagio sólo se ha rodeado de discípulos escogidos, ya inmersos en una búsqueda personal. Agustín cree que todos los hombres parten con un gran hándicap, porque el pecado original les pone trabas, pero también muy a menudo con circunstancias desfavorables, como un medio hostil y su propia ignorancia. Como sus fuerzas son limitadas y su saber es siempre incompleto, no hay que ser demasiado severo con sus debilidades. La Iglesia cristiana acoge a todo el mundo, no está reservada a las personalidades de élite. No todos son capaces de dirigirse a sí mismos, pero todos pueden obedecer. Para Pelagio, el hombre ideal es el adulto, el que ha accedido a la plena autonomía. Para Agustín, los hombres son niños que no se conocen a sí mismos o se ocultan porque les avergüenza su dependencia y su debilidad. Son bebés en los brazos de Dios. Como no pueden acceder a la perfección, se les perdonarán sus pecados.

EL DESENLACE DEL DEBATE

En los debates públicos de la época, la argumentación de Agustín vence a la de Pelagio, cuyas ideas son declaradas heréticas en el año 418, y sus discípulos son condenados, excomulgados y expulsados. Incluso se pierde el rastro de Pelagio, que seguramente murió poco después. La controversia se retoma unos años después, cuando un discípulo de Pelagio, Julián de Eclana, ataca a Agustín, pero el obispo de Hipona se defiende eficazmente. En 431, poco después de su muerte, otro concilio condena con firmeza y definitivamente –o eso se espera en aquellos momentos– el pelagianismo. La heteronomía, o sumisión a la ley externa, vence a la autonomía, la ley que nos damos a nosotros mismos.

Sin embargo, cabe preguntarse si el gusano no se quedó en la manzana. Volviendo al punto de partida de la reflexión pelagiana, Dios creó al hombre a su imagen. Ahora bien, el Dios monoteísta tiene una particularidad que lo diferencia radicalmente de los dioses de las religiones paganas: no encuentra un universo ya existente en el que introduce el orden, sino que él mismo crea el universo, que es producto de un acto libre de su voluntad. El hombre de Pelagio se parece mucho más a él que el de Agustín. Por lo demás, Dios ordena al hombre que se adueñe de la naturaleza, que someta el resto del universo a su voluntad: «Multiplicaos, llenad la tierra y sojuzgadla, y señoread en los peces del mar, en las aves de los cielos y en todas las bestias que se mueven sobre la tierra» (Génesis 1:28; una recomendación muy poco ecológica, por cierto). Y Dios actúa solo, sin interactuar con sus semejantes (porque no los hay), de modo que también el hombre está destinado a hacerlo, sin preocuparse de su entorno humano ni de la sociedad que lo forma.

En la actualidad solemos pensar que es más bien el hombre el que ha creado a Dios a su imagen, el de los Evangelios todavía más que el del Génesis, porque, antes incluso de crear el universo, Dios posee la palabra, y en este sentido es como el hombre, que puede modelar el mundo a su antojo gracias al poder que le otorga el lenguaje: «En el principio era el Verbo, y el Verbo era con Dios, y el Verbo era Dios» (Juan 1:1). Pero eso quiere decir que, en el momento en que ha concebido estos relatos, el hombre tenía la imagen de sí mismo que iba a atribuir a Dios, la imagen de un ser que puede crear el mundo que lo rodea gracias a su voluntad. Cuando los pelagianos dicen que los hombres pueden llegar a ser como Dios, lo único que hacen es encontrar una expresión que refleja su concepción del hombre, dueño de su destino y del universo. El hombre no sólo crea a Dios a su imagen, sino que quiere también dar forma al hombre a imagen de un creador libre. La autonomía que atribuye a Dios es una primera forma de la autonomía que el hombre reivindica para sí mismo. Por último, la frase del Génesis nos permite entender, desde un punto de vista muy pelagiano, que el hombre se crea a sí mismo y que su voluntad no tiene límites. Por eso, pese a la victoria de los agustinianos, sus controversias con los pelagianos nunca tendrán fin. La religión pide a los hombres que se sometan a Dios (y a sus servidores en la tierra, es decir, a la Iglesia) y a la vez que intenten parecerse a Dios, es decir, que se comporten como sujetos libres y con voluntad que modelan su propio destino.

No es éste el lugar adecuado para entrar en los detalles de este debate, uno de los más destacables de la historia cristiana. El dogma oficial de la Iglesia sigue siendo el que legó Agustín, pero a lo largo de toda la historia del cristianismo tendrá que luchar contra talantes irreverentes que conceden al hombre un papel demasiado activo. Se sospechará que están contaminados por la herejía pelagiana, o al menos «semipelagiana», y los cristianos «fundamentalistas» se alzarán contra esta desviación. Para Lutero es inconcebible que el hombre pueda asegurarse la salvación por sus propios esfuerzos, y por esta razón combatirá a los jansenistas. Y cuando Pascal describa al hombre después de la caída, en sus palabras oiremos los reproches que dirige a los pelagianos: el hombre, dice el Dios al que hace hablar, «quiso ser el centro de sí mismo, independiente de mi ayuda. Se ha zafado de mi dominio, y como se ha igualado a mí por el deseo de encontrar su felicidad en sí mismo, lo he abandonado a su suerte».[5] Calvino, como ha mostrado Louis Dumont, lleva a cabo una curiosa síntesis de los dos puntos de vista. Al introducir al individuo con sus valores en el mundo social, al interpretar su sumisión a la gracia divina como un acto de voluntad, el hombre se forma a imagen de Dios. En este sentido Calvino participa del espíritu prometeico moderno.[6]

Al mismo tiempo, a partir del Renacimiento, los autores profanos emprenderán la defensa de las capacidades humanas, y por esta razón se les llamará humanistas. Entre estos enemigos del pesimismo agustiniano respecto de la naturaleza humana encontramos, por ejemplo, a Pico della Mirandola, cuyo pensamiento coincide con el de Pelagio, aunque no lo cite. Su Dios dirige al hombre un discurso muy diferente del que consignará Pascal: «Ni celeste ni terrestre te hicimos, ni mortal ni inmortal, para que tú mismo, casi arbitrario y honorario plasmador y fundador de ti mismo, puedas forjarte en la forma que para ti prefieras». Unos años después, a principios del siglo XVI, Erasmo, que conoce a Pelagio, pero debe desmarcarse de él, afirma que «Dios creó el libre arbitrio», y añade: «¿De qué serviría el hombre si Dios lo modelase como el alfarero la arcilla?».

A finales de ese siglo, Montaigne defenderá «nuestra elección y libertad voluntaria», y el alma, que sabe «elegir y discernir por sí misma».[7] En el siglo siguiente, Descartes elogiará el libre arbitrio, «porque sólo por las acciones que dependen de este libre arbitrio podemos ser alabados o condenados con razón, y de alguna manera, al hacernos dueños de nosotros mismos, nos hace similares a Dios».[8] Pensará también que el mundo puede conocerse de cabo a rabo, y abrirá así el camino a la ciencia y a la técnica modernas. Esta fe en el hombre, que puede dirigir su destino, se difundirá en sus sucesores, y así, en la segunda mitad del siglo XVIII, un historiador y filólogo alemán, Johann Salomon Semler, tomará por primera vez partido públicamente por Pelagio y contra Agustín.

El pensamiento de la Ilustración también se acercará a las tesis pelagianas, aunque debemos recordar que este pensamiento no forma un conjunto homogéneo. Lo que llamamos la «Ilustración» no es una doctrina racional y coherente en la que las consecuencias fluyen con rigor de principios que todos aceptan. Se trata más bien de un amplio debate en el que conviven propuestas contradictorias o complementarias, heredadas del pasado o formuladas en aquellos momentos, un debate que aprovecha la rápida circulación de las ideas, tanto entre individuos como entre países. Voltaire ataca a Rousseau, que critica a Diderot, pero los tres forman parte del pensamiento de la Ilustración. Cuando citamos este pensamiento, siempre nos vemos obligados a elegir.

En el tema de la naturaleza humana y del poder de la voluntad, los más destacados representantes del pensamiento humanista en Francia ocupan una posición que no es posible reducir a ninguna de las dos doctrinas llegadas de la Antigüedad (aunque las conocen). Es cierto que, como Pelagio, no recomiendan la sumisión total a las autoridades públicas, a los valores de la tradición y a los supuestos designios de la Providencia, sino que creen que el individuo puede mejorarse a sí mismo y también la sociedad en la que vive. En lugar de contar sólo con la predestinación, debe contribuir a su salvación. Por lo tanto, estos pensadores defienden la autonomía. Al principio de *El espíritu de las leyes* Montesquieu escribe que es propio de los hombres «actuar por sí mismos», y añade: «Todo hombre, que se supone que tiene un alma libre, debe gobernarse a sí mismo».[9] Recordemos que Rousseau empieza *El contrato social* lamentando ver por todas partes al hombre encadenado, cuando nació libre, y para él este rasgo forma parte de su definición: «Renunciar a la libertad es renunciar a la cualidad de hombre». A diferencia de los cristianos tradicionalistas, no cree que para ir al paraíso baste con recibir el bautismo, ajustarse a los rituales de la Iglesia y esperar la gracia. «Pienso, por el contrario, que lo fundamental de la religión es la práctica, que no sólo es preciso ser hombre de bien, misericordioso, humano y caritativo. Pero cualquiera que realmente sea así cree que eso le basta para salvarse.»[10] La salvación no depende de la gracia divina, sino de las obras humanas.

Al mismo tiempo, la concepción antropológica de estos autores es más cercana a Agustín que a Pelagio. Consideran que el ser humano está coartado por obstáculos internos que le cuesta mucho superar. No creen en el progreso lineal ni en que los hombres puedan alcanzar la perfección, porque no es posible extirpar definitivamente el mal.

Montesquieu muestra que los hombres suelen cegarse respecto de sí mismos y que son presa de pulsiones que no saben controlar. «Desde siempre hemos visto que todo hombre con poder tiende a abusar de él.»[11] Esta tentación omnipresente no pesa menos que el pecado original, y además está vinculada a él, porque también se trata del peligro de confiar ilimitadamente en las propias capacidades. Montesquieu tiene otra razón para reservar un lugar de excepción a la moderación en su concepción del mundo humano. Cree en los valores universales, y por lo tanto en la posibilidad de juicios transculturales, dado que su tipología de los regímenes políticos no depende de las circunstancias de su existencia, de modo que puede condenar el despotismo en todas partes y considerarlo la encarnación de un «Gobierno monstruoso». Sin embargo, sabe que las costumbres de los diferentes pueblos son infinitamente variables y no pueden evaluarse con un solo criterio. En consecuencia, pide que se acepte la pluralidad de las sociedades y que se tempere nuestro afán reformador. Por universales que sean los juicios, la acción debe adaptarse a cada caso concreto. La labor de la política es reconciliar los intereses divergentes de los diferentes elementos sociales proponiendo a unos y a otros compromisos razonables. Sus objetivos son relativos, no absolutos.

Según Rousseau, el mismo papel de freno a toda ambición desmesurada desempeña el hecho de que los hombres vivan necesariamente en comunidad. A diferencia de lo que suele creerse de su doctrina, Rousseau no concibe al ser humano de forma aislada. La soledad existencial, es decir, la indiferencia respecto de lo que vean los demás en nosotros, es propia del antepasado animal del hombre, antes de que fuera hombre. La «vocación del género humano», como la llama Rousseau, es vivir en sociedad. «[El hombre] no sería más que un bruto si no hubiera recibido nada de otro.» Desgraciadamente, este estado, gracias al cual los hombres llegaron a ser plenamente humanos, «inspira a todos los hombres una oscura tendencia a perjudicarse mutuamente». No podemos esperar librarnos de este rasgo, y por lo demás no sería necesario, porque perderíamos nuestra humanidad. Rousseau ve en esta dualidad el carácter fundamental de la condición humana, que describe con la siguiente frase: «El bien y el mal manan de la misma fuente», a saber, la sociabilidad, el hecho de que necesariamente dependemos de los demás.[12] También sabe que las mejoras en un plano se pagan con retrocesos en otros, que los esfuerzos de la voluntad no son recompensados automáticamente: «Los avances ulteriores fueron en apariencia pasos hacia la perfección del individuo, y de hecho hacia la decrepitud de la especie».

En pocas palabras, ni Montesquieu ni Rousseau piensan que el hombre pueda conocerse del todo por medio de su propia razón y someterse mediante su voluntad. De ahí se sigue que para estos pensadores queda descartado todo sueño de perfección a la manera de Pelagio. Montesquieu condena el despotismo, pero para él el principio opuesto es la moderación, el equilibrio de poderes, no el reino de la virtud. Rousseau llega a una conclusión parecida, aunque por otro camino. Más por resignación que por elección. Debemos recordar aquí que *El contrato social* no describe una utopía que debería ponerse en práctica, sino los principios del derecho político que permiten analizar y valorar los Estados. Al mismo tiempo, tanto el uno como el otro no dejan de reclamar para el hombre el derecho a decidir libremente sobre su conducta. Por lo tanto, en ningún caso se trata de negar este impulso, sino de indicar que siempre está limitado, y que ese límite debe respetarse. En la práctica, estos pensadores ilustrados aceptan la imperfección del mundo y de los seres humanos, pero no por ello renuncian a mejorarlos. Con todo, más que esperar la gracia divina, prefieren apelar a las personas para que sean ellas las que se ocupen del tema. Optan pues por una vía intermedia que rechaza tanto el fatalismo conservador como el sueño del dominio total. El humanismo propiamente posee ambas características, participa simultáneamente del voluntarismo y de la moderación. Lo mejor es posible, pero el bien está fuera de nuestro alcance.

3
El mesianismo político

Turín, 17 de septiembre de 1863. Durante
la cena, Fiodor Mijailovich me dijo mi-
rando a una niña pequeña que tomaba
clases: «Mira, imagina a una niña como
ésta, con un anciano, y llega un Napoleón
y le dice: "Masacrad toda la ciudad".
En este mundo las cosas siempre han sucedido así».

POLINA SÚSLOVA[1]

EL MOMENTO REVOLUCIONARIO

A finales del siglo XVIII, el legado pelagiano, que vuelve a
estar en el candelero, sufre en la sociedad francesa una doble
transposición. Por una parte, les preocupa menos el destino
de los individuos, y más el de las sociedades, es decir, menos
moral y más política. Lo mismo podemos decir de Rousseau
y de Montesquieu. El primero describe la necesidad de autonomía del individuo, piensa incluso en la autarquía, pero a
la vez insiste en la necesaria soberanía del pueblo, único
dueño de su destino. Al segundo le interesan los regímenes
políticos y las legislaciones. El pecado original y la salvación
individual no forman parte de sus preocupaciones. Por otra
parte, se pasa progresivamente de los debates eruditos entre
teólogos y filósofos a las actividades políticas y los discursos
dirigidos a las potencias mundiales o a la multitud. Las demandas de autonomía salen de las academias y de los salo-
nes, y bajan a la calle. La lucha ya no la lideran los hombres
de letras, sino hombres comprometidos en la arena política.

Así se pasará de las publicaciones confidenciales a la Revolución francesa.

En los años previos a su erupción, la actitud moderada, como la que observábamos en la reflexión de Montesquieu (incluso en la de Rousseau), es sometida a una dura crítica por parte de otros representantes de la Ilustración, que introducen así una auténtica división en el legado de esta corriente de pensamiento. La figura emblemática en este caso es Condorcet, que comentó la obra de Montesquieu. Respecto de la importante cuestión de la legislación apropiada para cada país, condena el pluralismo de su antecesor y lo que considera su conservadurismo. Si gracias a la ciencia y a la razón se ha podido establecer cuáles deben ser las buenas leyes, ¿por qué no darlas a todos los pueblos? A nivel más general, encontramos en Condorcet cierta voluntad optimista. Siguiendo la estela pelagiana, cree que si nos aplicamos suficientemente, estaremos en condiciones de erradicar el mal de la superficie de la tierra, que el avance del progreso será infinito y que todos los hombres estarán algún día plenamente satisfechos y felices. La fe en el progreso continuo e ilimitado, de la que Condorcet es uno de los principales defensores, es una transposición a la humanidad entera de la capacidad de perfeccionamiento individual, que afirmaba Pelagio. Pasamos aquí, en el seno de la Ilustración, de lo que podía parecer una actitud de espera (la de Montesquieu) al activismo entusiasta.

Al voluntarismo de Condorcert se suman los cambios en los temas y el lugar de debate, y juntos ofrecen un marco adecuado a la impaciencia, que se ha apoderado de las mentes, y por lo tanto gozará de los favores de los protagonistas de la Revolución. Por lo demás, Condorcet será uno de ellos. Ya no le basta con ser secretario de la Académie Française. Decide pasar de la reflexión científica y filosófica a la acción política, y en 1791 se convierte en diputado activo de la Asamblea legislativa.

Al desplazarse del ámbito individual al de la colectividad, y al liberarse del marco religioso anterior, el proyecto pelagiano se radicaliza. Entonces se impone la idea de que la voluntad humana, si pasa a ser común, puede hacer reinar el bien y aportar la salvación a todos, y este feliz acontecimiento no tendrá lugar en el cielo, después de la muerte, sino aquí y ahora. Así, el voluntarismo asume determinadas herejías religiosas del pasado, milenarismos o mesianismos, que prometen la inminente transformación radical del mundo, con la salvedad de que ahora la naturaleza de estos objetivos es estrictamente secular. Si existe un mesías, es un personaje colectivo, el pueblo, una abstracción que permite que determinados individuos se presenten como su encarnación. Renunciar a todo lo sagrado de origen sobrenatural facilita el ascenso de una nueva esperanza. Los hombres imaginan que el mundo puede transformarse en función de sus deseos, y su voluntad de actuar aumenta. En adelante todo está permitido y todo es posible. Como los pelagianos, los revolucionarios piensan que no debe ponerse la menor traba a la progresión infinita de la humanidad. El pecado original es una superstición de la que hay que librarse. Es cierto que las sociedades tienen un pasado, pero en ningún caso están obligadas a someterse a las tradiciones. Una frase muy citada de Jean-Paul Rabaut Saint-Étienne, diputado de la Asamblea constituyente, ilustra esta actitud: «Nos apoyamos en la historia, pero la historia no es nuestro código».[2] Esto no quiere decir que nuestra conducta deba escapar a toda reglamentación, sino que esa reglamentación debe inspirarse exclusivamente en los principios de razón y justicia.

El objetivo es conseguir una sociedad nueva y un hombre nuevo. Se considera que las personas son materia informe que el esfuerzo de la voluntad puede conducir a la perfección. La tarea de convertir a todos los hombres en virtuosos y a la vez felices parece de pronto al alcance de la mano. Lo primero que hay que hacer es dotarse de buenas leyes. La Francia revolucionaria consume constituciones a un ritmo desenfrenado. El propio Condorcet propone una. Durante el debate público sobre ella, Saint-Just también aporta un proyecto, en el que concede un papel importante a la Asamblea a la que se dirige. Merece la pena recordar sus frases: «El legislador da órdenes para el futuro. No le sirve de nada ser débil. Tiene que querer el bien, y perpetuarlo. Tiene que hacer de los hombres lo que quiere que sean».[3] La materia humana maleable queda en manos del legislador, es decir, de los miembros de la Asamblea, o, para ser más exactos, de los que la controlan. Una vez conquistado el bien, evidentemente habrá que dedicarse a «perpetuarlo». Dicho de otro modo: no puede dejarse de recurrir a la violencia, y a la Revolución la sucederá el Terror, que deriva no de circunstancias fortuitas, sino de la propia estructura del proyecto. Como se trata del bien supremo, todos los caminos que se sigan para alcanzarlo son buenos («No le sirve de nada ser débil») y se tiene derecho a destruir a los que se oponen a él. Precisamente por eso se han convertido en una encarnación del mal, ya que los obstáculos sólo pueden proceder de una mala voluntad. El paso siguiente será transformar este medio en fin. El Terror y las instituciones estatales que necesita absorberán todas las fuerzas del poder, y la guillotina ya no podrá detenerse (Rabaut Saint-Étienne será una de sus víctimas, y Saint-Just otra).

Vemos que, aunque reivindica el ideal de igualdad y de libertad, lo que llamo aquí (para recordar sus orígenes religiosos) el mesianismo político –un mesianismo sin mesías– tiene un objetivo final propio (fundar el equivalente del paraíso en la tierra), así como medios concretos para alcanzarlo (Revolución y Terror). En su búsqueda de una salvación temporal, esta doctrina no reserva un lugar a Dios, pero conserva otros rasgos de la antigua religión, como la fe ciega en los nuevos dogmas, el fervor en sus acciones y en el proselitismo de sus fieles, y la conversión de sus partidarios caídos en la lucha en mártires, en figuras a adorar como a santos. Los intentos de imponer un culto del Ser supremo e instaurar una fiesta para celebrarlo surgen de la misma tendencia. A Condorcet, que había luchado contra la antigua religión, le horroriza el resultado al que llega el proceso que ha contribuido a poner en marcha, lo que él llama «una especie de religión política».[4] La fusión del poder temporal y del poder espiritual que quiere la Revolución suscitará la reacción, unos años después, de proyectos simétricos de teocracia contrarrevolucionaria (cosa que no era el Estado francés antes de 1789). El futuro mostrará que Condorcet no se equivocaba cuando tenía miedo.

PRIMERA OLEADA: GUERRAS REVOLUCIONARIAS Y COLONIALES

En la historia europea, el mesianismo político (o secular) pasará por diversas fases muy diferenciadas.

La primera comienza después de 1789. El periodo de paroxismo de la Revolución francesa dura poco, de modo que ni la sociedad ni los individuos han tenido tiempo de transformarse en profundidad, pero su proyecto se transmite al ejército, cuya misión será llevarlo más allá de sus fronteras. La revolución es una guerra a domicilio, y la guerra es la continuación de la revolución en otros países. Incluso puede ser más fácil imponer el bien en otros países que en el propio, porque la situación de guerra permite no tener que preocuparse de resistencias internas. «El pueblo francés vota por la libertad del mundo», afirma Saint-Just. En 1792 la Convención había ya decidido ofrecer «fraternidad y ayuda a todos los pueblos que quieran recuperar su libertad».[5] En la práctica, esto significa que es legítimo que los soldados franceses ocupen su país. Los promotores de las guerras revolucionarias, en especial el grupo de los girondinos, entre ellos Condorcet, piden que se exporte a todas partes la fraternidad, por la fuerza de las armas si es preciso. Sólo así puede alcanzarse el objetivo realmente superior, la paz perpetua. Condorcet está convencido de que los soldados franceses, portadores de los principios revolucionarios, serán bien recibidos por los pueblos extranjeros. Brissot, otro miembro del grupo, afirma: «Ha llegado el momento de hacer otra cruzada con un objetivo mucho más noble y mucho más santo [que las anteriores]. La cruzada por la libertad universal».[6] Ninguno de estos partidarios de la libertad para todos se pregunta si decidir de este modo el futuro de los demás pueblos quebranta el principio de igualdad universal, que por otra parte defienden.

El fin al que apuntan es tan elevado que no hay que escatimar medios. Eliminar a los enemigos se convierte en una peripecia secundaria. «El ángel exterminador de la libertad derribará esos satélites del despotismo», predice Danton aludiendo a las poblaciones extranjeras. Destruir al enemigo ya no es un inconveniente, sino que se convierte en un deber moral. La violencia no se esconde, sino que se reivindica. Carnot, un general revolucionario, parte de este postulado: «La guerra es un estado violento. Hay que hacerla a ultranza». La violencia revolucionaria suscita a su vez atrocidades contrarrevolucionarias, lo que provoca una escalada sin fin. En este contexto tiene lugar la represión en Vendée, a principios de 1794. La revolución está en peligro y se corre el riesgo de no conseguir el bien supremo, de modo que no hay que apiadarse del destino de los enemigos. No tardan en olvidarse las reglas de buena conducta. Un capitán francés que participa en las expediciones de castigo escribe: «Es atroz, pero la salvación de la República lo exige imperiosamente» (alude a la masacre de civiles). Otro oficial explica: «Purgo la tierra de la libertad de sus enemigos por el principio de humanidad».[7]

Después de llegar al poder, Napoleón reivindica la misma ideología, y de este modo Francia vivirá, e impondrá al resto de Europa, veintitrés años de guerras ininterrumpidas (1792-1815), responsables de millones de víctimas. A nivel interno, Napoleón conserva determinadas adquisiciones de la Revolución y elimina otras, pero en el ámbito internacional decide presentarse sistemáticamente como el heredero de la Ilustración y de la Revolución, porque cuenta con el atractivo de sus valores. Como dice Germaine de Staël, Napoleón es un Robespierre a caballo. El periódico que Napoleón manda publicar durante su campaña en Italia afirma:

«Las conquistas de un pueblo libre mejoran la suerte de los vencidos, reducen el poder de los reyes y aumentan la ilustración». Cuando los regimientos del ejército napoleónico han ocupado España, el mariscal Murat escribe al emperador: «Esperan a Su Majestad como al Mesías».[8]

La realidad es muy distinta. Tras un breve periodo en el que la población local se siente aliviada al ver que han retirado del poder a sus antiguos opresores, la desilusión no tarda en llegar. La nueva tiranía es todavía más amarga, puesto que la ejercen extranjeros. La violencia de los que ofrecen resistencia estará al nivel de la que sufren. Masséna, otro mariscal de Napoleón, admite que durante la represión en Italia se cometieron «excesos que era imposible evitar con la licencia de la victoria». Hay que decir que los insurgentes italianos tampoco dudan en freír vivos a los sospechosos de simpatizar con los franceses... Lo mismo sucede en España, donde se forjará la palabra *guerrilla* para designar las actividades de resistencia. Persiguen a los ocupantes con un odio tan intenso como era su deseo de imponer el bien: «¿Qué es un francés? Un ser monstruoso e indefinible, un ser a medias. No hay persona que no tenga derecho a matar a ese animal feroz».[9]

Los revolucionarios franceses se sienten políticamente superiores a sus contemporáneos de los demás países europeos. Respecto de los países más lejanos, de África, Asia y Oceanía, les da la impresión de que son radicalmente superiores, puesto que se colocan a sí mismos en la cima de la civilización. Condorcet escribe que todos los pueblos deben «acercarse un día al estado de civilización al que han llegado los pueblos más ilustrados, los más libres y los más liberados de prejuicios, como los franceses y los angloamericanos». Así, debe desaparecer progresivamente «la inmensa distancia que separa a estos pueblos de la servidumbre de los indios, de la barbarie de las tribus africanas y de la ignorancia de los salvajes». Condorcet desea transformar la vida de esas poblaciones lejanas en nombre del ideal de igualdad. Su deber como civilizado es sacarlas de la barbarie, pero ellos

mismos pueden no ser conscientes del bien que les espera y
oponer resistencia. En ese caso es preciso obligarlos, porque, como dice también Condorcet, la población europea
debe «civilizarlos o hacerlos desaparecer».[10]

Los dirigentes de los países «más ilustrados» pondrán en
práctica los sueños de Condorcet. Inglaterra empezó a pico-
tear la península india en los últimos años del siglo. En 1798
Napoleón decide someter Egipto. En el momento del ataque
arenga así a sus tropas: «Soldados, vais a llevar a cabo una
conquista de efectos incalculables para la civilización y el comercio». Una vez conseguida la victoria, se dedica a moder-
nizar la justicia, las comunicaciones y la economía, pero en
cuanto la población autóctona intenta recuperar su independencia, la reprime brutalmente. En Haití, las noticias de
la Revolución y las primeras decisiones de la Asamblea nacional incentivan la revuelta de los esclavos. Sin embargo,
en 1801 un cuerpo expedicionario francés dirigido por el
cuñado de Napoleón, Leclerc, desembarca en la isla y logra
detener al cabecilla de los insurgentes, Toussaint-Louverture, pero no puede impedir la resistencia de los antiguos esclavos, que quieren dirigirse por sí mismos. Leclerc responde con medidas radicales. Escribe a Napoleón: «Hay que
destruir a todos los negros de las montañas, hombres y mujeres, y sólo dejar a los niños de menos de doce años. Si no lo
hacemos, la colonia nunca estará tranquila».[11]

Napoleón no construirá un imperio colonial. En Francia, lo harán las generaciones siguientes. La conquista de
Argelia, que empezó en 1830, termina en 1857; la sumisión
total de la India data de 1858, y la repartición de África y
del resto de Asia se culminará a finales de siglo. Ya no se
apela a los principios revolucionarios, pero la idea de llevar
la civilización a los bárbaros, y por lo tanto de extender la
ilustración por todas partes, sigue presente y sirve para legitimar las conquistas tanto francesas como inglesas. Jules
Ferry, presidente del Consejo de Ministros en Francia, justifica así las expediciones que emprende: «Las razas superiores tienen un derecho respecto a las razas inferiores [...]

porque asumen un deber. Su deber es civilizar a las razas inferiores».[12] Poco importa saber si él mismo cree o no en este argumento. Lo fundamental es que sea eficaz. Los jóvenes soldados, y más tarde los colonos, se ponen en camino hacia las colonias con la certeza de estar cumpliendo una noble misión. Los grandes rasgos del mesianismo político se ponen en marcha: programa generoso, repartición asimétrica de los papeles –sujeto activo por una parte, y beneficiario pasivo por la otra, a la que no se le pide su opinión–, y medios militares al servicio del proyecto.

SEGUNDA OLEADA: EL PROYECTO COMUNISTA

El desplazamiento global del proyecto mesiánico –de dentro hacia fuera, de la transformación de su sociedad a la guerra para liberar las demás– no impide que muchos adeptos de la revolución lamenten la parada brusca que ha sufrido y sueñen con reanudarla. Este movimiento se pone en marcha después del 9 termidor, con la «conjura de los iguales», que llevó a cabo Babeuf. En el manifiesto de los «iguales» leemos: «La Revolución francesa es sólo la precursora de otra revolución, mayor y más solemne, que será la última».[13] En estas frases vemos despuntar la mentalidad milenarista –se acerca la hora del último combate–, traducida ahora en vocabulario comunista. La conspiración fracasará, pero muchos otros visionarios intentarán imaginar la consecución y radicalización de la revolución interrumpida. Saint-Simon (discípulo de Condorcet), Fourier, Proudhon, Louis Blanc, Herzen y Bakunin propondrán diferentes variantes del socialismo. La versión que tendrá un éxito más duradero es la que desarrollarán, desde los años cuarenta del siglo XIX, dos alemanes que viven fuera de su país, Karl Marx y Friedrich Engels, auténticos fundadores del comunismo. En 1848 aparece en Londres un panfleto que tendría un gran éxito, el *Manifiesto del partido comunista*.

Este breve libro describe en términos elocuentes las condiciones de vida de las clases explotadas, que se han convertido en algo parecido a una pura mercancía, y formula el sueño de una sociedad perfecta, común a todos los hombres. Su análisis de las sociedades del pasado se apoya en la hipótesis de que la lucha es la única forma de interacción social que caracteriza la historia de la humanidad, que se apoderará del poder y lo utilizará para explotar al otro. Nada es común a todos los miembros de una sociedad. Todo forma parte de uno u otro bando en lucha. No hay ninguna categoría universal, ni la moral, ni la justicia, ni las ideas, ni la civilización. Ninguna religión, ninguna tradición (como la familia, incluso la propiedad privada) escapa a su pertenencia a una clase.

Esta nueva fase del mesianismo se desarrolla en una época en la que en general se admiran los logros de la ciencia, que en esos momentos ilustra la Revolución industrial. De ahí surgirá una doctrina, el cientificismo, que no debe confundirse con la ciencia, y que incluso se opone a su espíritu. El cientificismo afirma que el mundo puede conocerse íntegramente, y que por lo tanto puede transformarse en función de un ideal. Y que este ideal no se elige libremente, sino que deriva del propio conocimiento. Esta visión del mundo pasará de la materia inerte, objeto de la física, a la historia humana y al conocimiento de la sociedad. En su obra *Bosquejo de un cuadro histórico de los progresos del espíritu humano*, Condorcet cree observar que el avance de la historia tiene un sentido. Lleva al perfeccionamiento de la especie humana, de modo que lo que sucede es en realidad la materialización de lo que debe ser. El hecho de que el poder de los Gobiernos represivos y de los curas se debilite es la prueba del avance inexorable de la historia, un camino que nos acerca necesariamente al bien. Es lo que implica también una expresión como «el tribunal de la historia», que sugiere que la historia establece una especie de derecho, como si la victoria del más fuerte fuera también necesariamente la del más justo. Una frase que Hegel toma de un poema de Schiller resume bien esta idea: *Die Weltgeschichte ist das Weltgericht*

(La historia del mundo es el tribunal del mundo),[14] que adoptarán los discípulos de Hegel, entre ellos el joven Marx. Sin embargo, la palabra *tribunal* en esta expresión no tiene más relación con la justicia que la palabra *derecho* en «el derecho del más fuerte», o que la palabra *ley* en «la ley de la selva»...

Como todos los mesianismos, el comunismo defenderá la idea de que la historia lleva una dirección preestablecida e inmutable, en la que encontrará la legitimación de sus acciones. Vemos aquí el papel que la religión cristiana otorga a la Providencia, salvo que en este caso para conocer la dirección en la que se avanza ya no basta con leer los textos sagrados, sino que es preciso establecer las leyes de la historia de manera científica. Por esta razón los comunistas niegan que su análisis y su proyecto se apoyen en hipótesis que podrían someterse a examen. Se apoyan en hechos sólidos. En el *Manifiesto del partido comunista* leemos: «Las propuestas teóricas de los comunistas no son más que la expresión general de las relaciones efectivas de una lucha de clases que existe».[15] Una frase de Lenin que grabaron en el monumento a Marx, en el centro de Moscú, resume todavía mejor esta idea: «El marxismo es todopoderoso porque es verdad». A consecuencia de este postulado Marx y Engels serán tan intolerantes con toda opinión divergente, que atacarán no sólo por no ajustarse políticamente a las suyas, sino porque es falsa, y por lo tanto no merece la menor consideración.

El fin previsto por la «ciencia» marxista es que desaparezcan todas las diferencias entre grupos humanos, porque consideran que toda diferencia es una fuente de conflictos, y en último término una lucha a muerte. Por eso es preciso abolir la propiedad privada y concentrar todos los medios de producción en manos del Estado. Se eliminará a los que ofrezcan resistencia, así como a la burguesía, cuyos intereses van en sentido contrario. «La existencia de la burguesía ya no es compatible con la sociedad.» Por lo tanto, habrá que «abolir» al propietario burgués: «No cabe la menor duda de que a estas personas hay que eliminarlas». No se enumeran las maneras concretas de suprimirlos, pero el *Manifiesto* admite que serán precisas «intervenciones despóticas», y que los fines deseados sólo podrán «alcanzarse derrocando por medio de la violencia todo orden social del pasado».[16] Así, eliminar físicamente a la burguesía como clase forma ya parte del programa. De todas formas, la transformación de la sociedad que contempla el *Manifiesto* es tan radical –supresión de la propiedad privada y desaparición de las clases– que es inconcebible que pueda ponerse en práctica sin derramar sangre.

A primera vista estamos en las antípodas del voluntarismo pelagiano y revolucionario, puesto que la actividad humana está totalmente sometida a leyes sobre las que los hombres no tienen la menor influencia. Sin embargo, el marxismo no es sólo una doctrina determinista, sino que es a la vez de un voluntarismo intransigente. La articulación de estas dos características, en apariencia contradictorias, queda explicitada en el famoso dogma marxista que afirma que «la existencia determina la consciencia». La consciencia, y por lo tanto la voluntad de los individuos, está segura de actuar en el sentido que prevén las leyes de la historia, porque es producto de ella. El querer secunda necesariamente al ser.

Durante varios siglos, los adeptos a la doctrina marxista llevan una existencia marginal, incluso clandestina, o forman parte de grupos y partidos socialistas relegados en la oposición. Pero durante este periodo Lenin hace su decisiva aportación en Rusia, que consiste en afirmar que una élite lúcida puede identificar el curso que debería llevar la historia (en otros tiempos se habría dicho: los caminos de la Providencia) y actuar de forma concertada para provocar los acontecimientos que se ajusten a ella. Aunque no lo dice, Lenin ha invertido la máxima marxista. Ahora le toca a la consciencia determinar la existencia. El voluntarismo es más importante que el determinismo.[17] Así, no se tendrá en cuenta que, según las leyes marxistas de la historia, la revolución debe empezar en un país industrializado. Rusia es un país atrasado y campesino, pero dispone del partido más combativo, y por lo tanto es allí donde debe empezar la revolución mundial. En adelante la lucha será liderada ya no por los proletarios, sino por el partido, formado por revolucionarios profesionales surgidos de la burguesía y del ámbito intelectual, dedicados a la causa en cuerpo y alma. La dictadura del proletariado será indispensable para transformar la sociedad en función del programa preestablecido. Este cambio radical de la doctrina permitirá dejar de tener en cuenta el estado real del país y sustituirlo por toda una serie de ficciones, según la necesidad del partido en cada etapa de la historia.

En 1917, en el contexto de la Primera Guerra Mundial, empieza una nueva etapa. Por primera vez, gracias al golpe de Estado bolchevique, el poder espiritual, que en un principio reivindicaban los fieles, se adhiere al poder temporal propio de un gran Estado, Rusia. Empieza entonces el periodo de expansión de esta forma de mesianismo, ese intento de introducir la utopía en la realidad, que dará lugar a una formación social inédita, el Estado totalitario. Sabemos lo que sucede después: el ascenso en Europa de otro modelo de régimen totalitario, el nazismo, que surge en parte por las mismas causas estructurales que el comunismo, pero que también se presenta como un escudo contra éste, incluso como el arma que puede destruir esa amenaza. Su cientificismo ya no apela a las leyes de la historia, sino a las de la biología, que los nazis descubren en una versión del darwinismo social adaptada a sus necesidades. Al apoyarse en sus supuestos logros, pueden tranquilamente plantearse la desaparición de las «razas inferiores». El resultado es la complicidad entre los dos totalitarismos, y después su guerra sin piedad, que vence la alianza que forma la Unión Soviética con las democracias occidentales.

El comunismo suplanta y en ocasiones lucha contra el mesianismo anterior, el que se caracterizaba por guerras imperialistas en nombre de la libertad, de la igualdad y la fraternidad, y por conquistas coloniales en nombre de la civilización europea. Sin embargo, ambos pertenecen al mismo «tipo común», y esta proximidad permite acotar mejor la especificidad de la utopía comunista. De entrada, el mesianismo que surge de la Revolución francesa se propone básicamente salvar a los *demás*: los demás pueblos europeos, en el caso de Napoleón, y los habitantes de los demás continentes, durante las guerras coloniales. Por su parte, la utopía comunista se orienta en un primer momento al interior de cada país, y la guerra que debe llevar a su triunfo es una guerra civil, entre clases. En el plano internacional, lo que recomienda no es que un país someta a otro (aunque en este punto la práctica soviética traicionará la teoría), sino que las guerras civiles se propaguen y generalicen. En segundo lugar, el mesianismo revolucionario se propone obligar y educar a los pueblos que dudan en abrazar su credo, pero no exterminarlos. Se trata de un proyecto gradual y progresivo. Las víctimas de la revolución o de la guerra que lleva a este objetivo pueden ser muchas, pero su muerte es un «daño colateral», no un objetivo en sí mismo. La utopía comunista, por el contrario, exige que desaparezcan los enemigos, lo que es más fácil imaginar en el marco de una guerra civil que de una guerra entre países. En otras palabras, el proyecto comunista hace posibles, incluso necesarios, los órganos de terror tipo Checa y las prácticas de exterminio de capas enteras de la población.

Imaginar un ideal en nombre del cual se intenta transformar lo real, plantearse una trascendencia que permite criticar el mundo tal cual es para mejorarlo seguramente es un rasgo común a toda la especie humana, pero eso no basta para dar lugar a un mesianismo. Lo que caracteriza concretamente el mesianismo es la forma que adopta la tendencia al perfeccionamiento. Todos los aspectos de la vida de un pueblo están implicados. No basta con modificar las instituciones, sino que aspira a transformar también a los seres humanos, y para hacerlo no duda en recurrir a las armas. Por último, lo que distingue el proyecto totalitario es tanto el contenido del ideal que se propone como la estrategia que se elige para imponerlo: control absoluto de la sociedad y eliminación de categorías enteras de la población.

Esta última característica es la que diferencia radicalmente el mesianismo totalitario tanto de su antecesor como
de sus sucesores, aunque todos nacieran de la misma matriz: los preceptos pelagianos, reavivados en la época de la
Ilustración y transformados en programa de acción colectiva. Sea cual sea la versión concreta del totalitarismo, esta
destrucción sistemática aparecerá siempre, aunque está
ausente en otros lugares. Así sucede con el exterminio de
los *kulaks* como clase en la Unión Soviética, de los judíos en
la Alemania nazi, de la burguesía en la China de Mao y de
los habitantes de las ciudades en el régimen comunista de Pol
Pot. A ello se añaden los sufrimientos que infligen al resto
de la población, que tampoco pueden compararse con los
sufridos anteriormente. Así, es importante tener presentes
tanto los rasgos comunes como las diferencias que saltan a
la vista.

Al mismo tiempo, y de manera todavía más fuerte, el
proyecto comunista se opone a la mentalidad que impera en
la sociedad de su tiempo, que incluye gran cantidad de elementos del pasado, algunos incluso del Antiguo Régimen,
pero cuya orientación general, empujada por la Revolución
industrial y la expansión del comercio, es liberal. Y esto
quiere decir, entre otras cosas, que el lugar de la religión se
reduce cada día más y que, precisamente por eso, la sociedad tiende a perder toda relación con lo absoluto, sea cual
sea. El liberalismo incentiva la plenitud personal, pero no se
propone ningún nuevo ideal común, como si el desarrollo
fulgurante de la tecnología y la acumulación de riquezas
bastaran para paliar la progresiva desaparición de la religión. El mesianismo comunista ocupará ese vacío y encarna-
rá lo absoluto, con la ventaja añadida de que anuncia que el
triunfo está próximo.

Concluida la Segunda Guerra Mundial, el mesianismo
comunista sigue expandiéndose durante un breve periodo.
La Unión Soviética, coronada por su victoria sobre la Alemania nazi, extiende su imperio en la Europa del Este, su
popularidad aumenta en Europa occidental, incentiva las

revoluciones que se llevan a cabo en nombre del mismo ideal en Asia (China, Corea y Vietnam) y se declara aliada de todos los movimientos anticolonialistas. A partir de la muerte de Stalin, en 1953, empieza el declive. En la propia Unión Soviética, el espíritu utopista del comienzo y el fanatismo que lo acompañaba quedan eliminados por la aspiración al poder por el poder, por el imperio del cinismo arribista, por la burocracia y por la corrupción. Fuera del país, Estados Unidos y las demás potencias occidentales hacía ya unos años que habían detenido la expansión del imperio con la guerra fría. En Asia, los países comunistas deciden emanciparse de la tutela soviética, por lo que surgen conflictos dentro del mismo bando. En la Europa del Este, las esperanzas mesiánicas se desploman ante la realidad de los regímenes comunistas, y lo único que permite garantizar su supervivencia es la vigilancia y la represión sistemática.

Viví en este régimen durante veinte años. Lo que ha quedado más grabado en mi memoria no son los mil y un inconvenientes de la vida cotidiana, ni siquiera la vigilancia constante y la falta de libertad. Recuerdo sobre todo la aguda conciencia de la paradoja de que todo aquel mal se llevara a cabo en nombre del bien, que estuviera justificado por un objetivo que presentaban como sublime.

TERCERA OLEADA: IMPONER LA DEMOCRACIA CON BOMBAS

Tras la caída del imperio comunista en Europa, en 1989-1991, asistimos a una tercera forma de mesianismo político, la primera que corresponde a las democracias modernas. En muchos sentidos se opone a los proyectos totalitarios previos, pero en algunos aspectos se parece a la primera oleada, la de las guerras revolucionarias y coloniales. Esta política consiste en imponer por la fuerza el régimen democrático y los derechos humanos, un movimiento que supone una amenaza interna para los propios países democráticos.

Los Estados occidentales que materializan este proyecto lo presentan como una manera de alcanzar la democracia, y en ningún caso consideran que estén rebasando sus principios, como pretendía el proyecto comunista. Con todo, también se observa cierta continuidad entre el mesianismo de la segunda y de la tercera oleadas, que pone además de manifiesto la proximidad de los protagonistas del movimiento en todas ellas. En ocasiones esta evolución se produce de una generación a la siguiente. Así, algunos «neoconservadores» estadounidenses (un término desconcertante, porque no se trata de conservadores), ideólogos de la intervención militar legitimada por la defensa de los derechos humanos, proceden de los círculos intelectuales antiguamente procomunistas, que entretanto se han convertido al antiestalinismo (en una perspectiva en un principio trotskista y después democrática). En Francia, algunas veces los mismos individuos habrán recorrido las tres etapas: adeptos a la religión comunista antes o poco después de 1968, a menudo en una variante de extrema izquierda, se convirtieron en radicales anticomunistas y antitotalitarios unos años después, cuando se difundieron informaciones más amplias sobre la realidad de los gulags (en aquellos momentos se autodenominaron «nuevos filósofos»), y en los últimos años han resultado ser partidarios de la guerra «democrática» o «humanitaria» en Irak, Afganistán y Libia. En los países de la Europa del Este encontramos esta misma evolución (no en todos, por supuesto). El itinerario típico sería el de un joven comunista «idealista» en un principio (fase I), que, decepcionado por la realidad que se escondía detrás de los eslóganes, se convierte en un audaz disidente (fase II), y tras la caída del régimen pasa a ser un activo defensor de las «bombas humanitarias» que caen sobre Belgrado durante la guerra de Kosovo, o de la defensa de Occidente en las guerras de Irak y Afganistán (fase III).

La primera manifestación de esta nueva forma de mesianismo fue la intervención en 1999 de la OTAN, órgano militar de los países occidentales, en el conflicto que enfrentó en Yugoslavia al poder central de Belgrado con la provincia albanófona de Kosovo. No es casualidad que la confrontación tuviera lugar una vez concluida la guerra fría, ya que la Unión Soviética ya no estaba ahí para impedirla. Los países occidentales que la iniciaron no intentaron antes recibir la autorización de organismos internacionales, como la ONU, que en cualquier caso no dispone de brazo armado propio. Esta intervención se fundamentó en una doctrina formulada en esa misma época, tras el genocidio en Ruanda de 1994, en varios países occidentales, en especial en Francia: el «derecho de injerencia». Suscribir esta doctrina equivale a afirmar que si en un país se violan los derechos humanos, los demás países del mundo tienen derecho a entrar por la fuerza para proteger a las víctimas e impedir actuar a los agresores.

En Yugoslavia, la aplicación de estos principios puso en evidencia varias dificultades inherentes a la doctrina. Unas tienen que ver con la incertidumbre de la información, porque a las dos fuerzas opuestas les interesa inflar la cantidad de víctimas propias y ocultar sus agresiones (manipular los datos es una tentación que comparten). En este sentido, la minoría albanesa, que consiguió asegurarse el apoyo de la diplomacia estadounidense y de la OTAN, fue más eficaz que la mayoría serbia. La segunda dificultad procede de la aplicación necesariamente selectiva del principio. Desgraciadamente, las violaciones de los derechos humanos son muy numerosas y es imposible injerirse en todas partes, de modo que se decide salvar a los amigos políticos y se lanzan las fuerzas contra los que llevan una política contraria a nuestros intereses, con lo que la imparcialidad de la elección queda en entredicho. La tercera dificultad deriva de la forma en sí de la injerencia, la guerra, con sus inevitables consecuencias: bombardeos, destrucción del país y de sus habitantes, e incalculables sufrimientos. ¿Tenemos derecho a matar a cien inocentes para salvar a diez?

No entraré aquí en los detalles de este episodio de la historia reciente.[18] Me limito a recordar que la intervención militar de la OTAN en Yugoslavia concluyó con la victoria militar de la Alianza, como no podía ser de otra manera. Kosovo consiguió la independencia política, pero no ha llegado a ser del todo un Estado de derecho y sigue siendo presa de grupos mafiosos. La discriminación étnica, de la que los albanófonos eran víctimas por parte de los serbios, se ejerce ahora contra la minoría serbia por parte de los kosovares... Sería difícil pretender que después de la intervención la democracia ha avanzado mucho en esta zona.

LA GUERRA DE IRAK

La expresión «derecho de injerencia» no se utilizó en la siguiente manifestación del nuevo mesianismo político, a saber, la guerra de Irak, que emprendió una coalición de países, liderada por Estados Unidos, que de nuevo se eximió de la resolución de la ONU. El pretexto para que se desencadenaran las operaciones, en 2003, que posteriormente resultó ser totalmente falso, era la supuesta presencia en Irak de «armas de destrucción masiva». Sin embargo, el espíritu de la injerencia en nombre del bien estaba totalmente presente. Vemos rastro de él en un documento que expone la doctrina militar de Estados Unidos publicado por la Casa Blanca, entonces bajo la presidencia de George W. Bush, unos meses antes de la invasión, que lleva por título *La estrategia de seguridad nacional de los Estados Unidos de América*.

En este documento identificamos ante todo varios valores primordiales, como «la libertad, la democracia y la libre empresa», y el Gobierno estadounidense afirma tener la misión de imponerlos en todo el mundo, si es necesario por la fuerza. Si resulta vencedor, cambiará para mejor el destino de los hombres. «Hoy en día la humanidad tiene entre sus manos la ocasión de asegurar el triunfo de la libertad frente a sus enemigos. Estados Unidos está orgulloso de su responsabilidad de liderar esta importante misión.» Las conclusiones a las que llega el documento están claras: «Actuaremos activamente para llevar la esperanza de la democracia, del desarrollo, del libre mercado y del libre comercio a todos los rincones del mundo». Una vez más, el elevado objetivo justifica el recurso a cualquier medio, en especial la guerra.

Aunque este programa pretende nobles ideales, da miedo. Enlaza con las formas anteriores de mesianismo político, con las promesas comunistas y los proyectos coloniales, que prometían la llegada de la libertad y de la igualdad, de la fraternidad y de la dignidad, pero al mismo tiempo emprendían acciones militares. Recuerda incluso a las tentativas más antiguas de conquista en nombre del bien, que invocaban una justificación religiosa, como las cruzadas de la Edad Media, término que por lo demás han vuelto a utilizar en esta ocasión. En todos los casos, los protagonistas de estos actos podían estar sinceramente convencidos de la superioridad de su causa, pero lo único que aportaban al resto del mundo era sangre y lágrimas.

¿Por qué el proyecto de imponer el bien es peligroso? Suponiendo que supiéramos qué es el bien, tendríamos que declarar la guerra a todos los que no comparten el mismo ideal, y pueden ser muchos. Como escribía Charles Péguy a principios del siglo XX: «En la Declaración de los Derechos del Hombre hay razones para hacer la guerra a todo el mundo mientras el mundo exista».[19] Llegar al futuro radiante exigiría gran cantidad de víctimas. Pero la propia naturaleza de este ideal plantea un problema. ¿Basta con decir «libertad» para que nos pongamos todos de acuerdo? ¿No sabemos que los tiranos del pasado solían apelar a la libertad? ¿Podemos además clamar, como hace el documento presidencial estadounidense, pasando por alto miles de años de historia humana, que «estos valores de libertad son justos y verdaderos para toda persona y en toda sociedad»? ¿Estamos de verdad a favor de toda libertad, incondicionalmente, incluida la del zorro en el gallinero? ¿Y qué tiene que ver la «libre empresa» con los valores universales? ¿Hay que hacer la guerra a todos los países con economía estatal? En cuanto a la «democracia» y a la igual dignidad de todos los miembros del género humano que implica, ¿seguimos poniéndola en práctica cuando impedimos a los demás pueblos que elijan su destino por sí mismos?

Creerse investido (por uno mismo) de la «misión» de conseguir que la «libertad triunfe sobre sus enemigos» da muestras de una curiosa concepción del mundo, que, dicho sea de paso, no se ajusta ni a la tradición cristiana ni a la del humanismo laico. Tanto una como la otra postulan la imperfección irreductible del mundo humano y la imposibilidad por principio de alcanzar cualquier tipo de triunfo. Sólo las herejías milenaristas y las utopías revolucionarias tuvieron esa esperanza. La «libertad» nunca triunfará definitivamente sobre sus «enemigos». Es el propio ser humano el que refrena sus pulsiones de libertad, y hace bien. Para conseguir ese otro mundo habría antes que cambiar de especie. Debemos añadir que la aspiración mesiánica a instaurar un orden armónico en el mundo apareció en un momento dado como simple arma retórica, sin consecuencias prácticas, y que quedó sustituida por una visión no menos mesiánica, aunque de alcance ya no universal, sino nacional: imponer la voluntad de Estados Unidos al resto del mundo.

La ocupación de Irak empezó en 2003 y continúa en 2011, de modo que es ya la guerra más larga de la historia de Estados Unidos. Entretanto ha caído una dictadura, la de Saddam Hussein, pero ¿a qué precio? Las muy numerosas víctimas se reparten de forma desigual entre las dos partes contendientes: unos 4.500 muertos estadounidenses; en cuanto a los iraquíes, no disponemos del número exacto, pero para dar un orden de magnitud podemos avanzar la cifra de 450.000 víctimas, es decir, cien iraquíes por cada estadounidense (otros cálculos dan una cifra dos o tres veces superior). El país es presa de ataques terroristas y de graves tensiones entre comunidades. La idea de guerra preventiva, que se apoya en la mera presunción de una posible agresión por parte de un país extranjero, ha hecho su aparición en el discurso oficial de los países democráticos.[20]

DAÑOS INTERNOS: LA TORTURA

El ejército estadounidense está seriamente comprometido en la gestión de la ocupación, ya que ha generalizado la tortura en las cárceles iraquíes. La de Abú Graíb se hizo famosa en el mundo entero en 2004 a consecuencia de la difusión de fotos que mostraban a prisioneros iraquíes torturados, pero ha habido otras cárceles parecidas, en Irak y en otros lugares. Investigaciones posteriores confirmaron en qué medida estaban extendidas estas prácticas y su carácter sistemático. Así, una publicación oficial del Gobierno estadounidense, de abril de 2009, mostró la reglamentación increíblemente detallada de la tortura, formulada en los manuales de la CIA y retomada por los responsables jurídicos del gobierno. La novedad consiste en que la tortura ya no se presenta como una infracción de la norma, lamentable pero excusable, sino que es la norma en sí. Hasta ese momento podíamos imaginar que las torturas eran consecuencia de errores, por así decirlo, que se traspasaban los límites debido a la urgencia del momento, pero nos dimos cuenta de que se trataba de procedimientos reglamentados hasta en los más mínimos detalles, al centímetro y al segundo.

Así, se consignan diez formas de tortura, cifra que enseguida asciende a trece. Se dividen en tres categorías, cada una de las cuales consta de varios niveles de intensidad: preparatorias (desnudez, manipulación de la comida y privación del sueño), correctivas (golpes) y coercitivas (duchas de agua fría, encierro en jaulas y tortura de la bañera). En cuanto a las bofetadas, el interrogador debe golpear con los dedos separados, a la misma distancia del extremo de la barbilla que del lóbulo de la oreja. La ducha de agua del prisionero desnudo sólo puede durar veinte minutos si el agua está a cinco grados, cuarenta si está a diez grados, y hasta una hora si está a quince grados. Las privaciones de sueño no deben superar las ciento ochenta horas, pero pueden retomarse tras un descanso de ocho horas. La inmersión en la bañera puede durar hasta doce segundos, no más de dos horas al día, durante treinta días consecutivos (en marzo de 2003 un prisionero especialmente tenaz sufrió esta tortura ciento ochenta y tres veces). El encierro en una jaula pequeña no debe superar las dos horas, pero si la jaula permite que el prisionero esté de pie, puede llegarse a las ocho horas seguidas, dieciocho horas al día. Si se introduce un insecto, no debe decirse al prisionero que la picadura será muy dolorosa, incluso mortal. Y así sucesivamente durante páginas y páginas...

El contagio se extiende mucho más allá del círculo limitado de los torturadores, porque varios otros grupos de profesionales están implicados en las torturas. El Gobierno cuenta con consejeros jurídicos que garantizan la impunidad legal de sus colegas y legitiman sus actos. Suelen estar presentes psicólogos, psiquiatras, médicos y mujeres (los torturadores son hombres, pero degradar a los torturados ante la mirada de mujeres hace que la humillación sea más grave). Entretanto, profesores de universidad ofrecen justificaciones morales, legales o filosóficas de la tortura. La tortura marca de manera indeleble el cuerpo de los torturados, pero corrompe también el espíritu de los torturadores. Poco a poco toda la sociedad se ve alcanzada por este cáncer insidioso, este atentado al pacto fundamental que une entre sí a los ciudadanos de todos los países democráticos, un pacto según el cual el Estado es el garante de la justicia y del respeto para todo ser humano. Un Estado que legaliza la tortura deja de ser una democracia.

Estas prácticas, que parecen ir en contra tanto de las leyes de cualquier país como de sentimientos humanos ampliamente compartidos, como la compasión, se aceptan con más facilidad en tiempos de guerra que en los periodos de paz, porque la guerra siempre supone suspender determinadas normas legales y morales. Si se cambia el nombre al acto más condenable, como matar a un semejante, y se lo llama «eliminar a un enemigo», se convierte en la acción más valiente. Al sacudir los fundamentos de la vida común, las transgresiones de reglas concretas dejan de parecer tales. La situación de guerra ejerce una influencia decisiva desde otro punto de vista: en todas partes se admite que en tiempos de guerra los subordinados deben obedecer ciegamente a sus superiores. Ante el peligro de muerte, cuando las bombas explotan a nuestro alrededor, no es el mejor momento para discutir y llevar la contraria. Incluso en un país que rinde culto a la libre iniciativa, las circunstancias de guerra imponen someterse sin pensar a las órdenes que se reciban. Vemos que la idea de «guerra contra el terrorismo» puede tener consecuencias perniciosas.

Varios analistas han señalado el aumento de la *hybris*, de la desmesura, en los jefes de Estado que desencadenaron la guerra y dirigieron los ejércitos: el presidente estadounidense George W. Bush y el primer ministro británico Tony Blair.[21] Pero hay que ir más allá de los casos personales, ya que los que son presa de la *hybris* no son sólo estos individuos, sino también los Estados en sí, que, al no encontrar el menor freno externo, trasladan a sus dirigentes esta desmesura, en cuyo extremo surge la tortura. Añadamos que ninguno de estos dos responsables de la campaña de Irak ha expresado el menor arrepentimiento por haber emprendido esta guerra. Al parecer, siguen convencidos de que evitaron al mundo una catástrofe.

La población de otros países considera que los valores democráticos, que los países occidentales esgrimen como razón para intervenir, son una manera cómoda de camuflar intenciones inconfesables. Observamos también la erosión de estos valores, efecto de un impulso mesiánico hacia la perfección, en otras situaciones al margen de la guerra. El deseo de escapar a todo riesgo para nuestra salud puede dar lugar a una utopía sanitaria preventiva, y el deseo de descartar todo riesgo social, a una política de exclusión respecto de todos los que pueden crear problemas. El juez Serge Portelli escribe que una de las más serias amenazas que pesan sobre nuestras democracias es «una sociedad absolutamente segura, de tolerancia cero, de prevención radical, de encarcelamiento preventivo, de desconfianza sistemática del extranjero, de vigilancia y de control generalizado».²² Así nos convertimos en nuestro propio enemigo, uno de los peores que hay.

LA GUERRA DE AFGANISTÁN

La ocupación de Afganistán por parte del ejército estadounidense y sus aliados es consecuencia de los atentados del 11 de septiembre de 2001, que llevaron a cabo terroristas afincados en este país. Tras esta agresión, las fuerzas afganas, apoyadas por militares estadounidenses, intervinieron, eliminaron de Afganistán a los combatientes de Al Qaeda y expulsaron a los talibanes que los protegían. La conmoción que suscitaron estos atentados terroristas permitió considerar que esta intervención era un acto de legítima defensa. Sin embargo, sin pensar demasiado en las consecuencias de lo que hacían, los militares estadounidenses, secundados por los soldados de sus aliados, se instalaron en el país para apoyar al Gobierno que habían contribuido a colocar en el poder y velar para que no aparecieran otros terroristas. Este último objetivo se inscribe en la lógica del mesianismo político, que se propone convertir el país en una democracia que respete los derechos humanos. Ahora bien, a partir de ese momento, la presencia de la fuerza militar de ocupación produce un resultado inverso al que se esperaba: cuanto más refuerzan sus efectivos los militares, más unánime es el posicionamiento contra ellos. En otras palabras, la finalidad que Estados Unidos atribuía a su intervención en Afganistán (garantizar la seguridad de su país) no se alcanza por el método elegido (ocupar un país extranjero). Lo que parece suceder es incluso lo contrario.

Observemos algo más de cerca estos dos niveles de insuficiencia. Los soldados estadounidenses y sus compañeros son atacados por aquellos a los que impiden dirigir sus asuntos. En este ambiente hostil, en un territorio que apenas conocen, en el que toda carretera puede estar minada y en el que detrás de todo arbusto puede esconderse un enemigo, los ocupantes responden con bombardeos. Para evitar el riesgo de morir aceptan el de matar a inocentes, porque junto a los combatientes siempre hay civiles. El resultado es que la cantidad de enemigos no deja de aumentar. «Limitarse a matar a los insurgentes sirve para que se multipliquen nuestros enemigos, no para que disminuyan», escribe el general Michael T. Flynn en 2010, en un informe que pretendía mejorar la situación.[23] Por cada muerto llegan otras cuatro personas, sus primos, sus amigos o sus vecinos. El general condena esta práctica, aunque en nombre de la eficacia, no de la humanidad. Por otra parte, por comodidad, la prensa occidental llama «talibanes» a todos los que se oponen a la ocupación. En realidad se trata de un grupo heterogéneo en el que se mezclan talibanes religiosos, jefes de guerra locales, traficantes de todo tipo, productores y vendedores de adormidera, y conservadores que en una democracia de tipo occidental podrían perder sus prerrogativas. La unidad de todos los insurgentes se apoya exclusivamente en la existencia de un enemigo común, a saber, el ejército extranjero de ocupación.

La opinión pública se queda con los objetivos que esgrimen los ocupantes: apoyar la democracia, defender los derechos humanos y perseguir a los malhechores terroristas. Pero con lo que se queda la población afgana es con la realidad que vive: los bombardeos indiscriminados, los centros de retención y de tortura (como Bagram, prototipo de Abú Graíb) y el apoyo a dirigentes corruptos. No es sorprendente que no albergue sentimientos favorables hacia el ocupante. Un ejemplo entre muchos otros: en agosto de 2008 un destacamento francés cayó en una emboscada en la que murieron diez soldados. Este tipo de operación no podría organizarse sin que la población local lo supiera, pero nadie advirtió del peligro a los franceses. Días después de la emboscada contra los franceses, un ataque aéreo causó la muerte de noventa y dos civiles, en su mayoría niños. ¿Cómo los ocupantes, responsables de esas muertes, pueden esperar que la población los quiera y los proteja?

La presencia de un ejército de ocupación es no sólo inefi-
caz, sino también perjudicial para la seguridad de los occidentales. La principal amenaza para ellos no son los campe-
sinos afganos que luchan, sino todos aquellos que no viven
en Afganistán, pero se solidarizan con su población por razones políticas, religiosas o culturales. El terrorista de hoy
en día no cumple las órdenes de un comité central clandesti-
no. No soporta la humillación que sufren sus amigos y se
implica voluntariamente en su favor. Intentar eliminar un
centro de decisión de Al Qaeda del que se suponga que parten todas las órdenes de atentados terroristas es producto de
la fantasía o de aplicar un esquema periclitado a una situación nueva. Las montañas de Afganistán (o de otro país) no
desempeñan un papel comparable al de los despachos mos-
covitas del KGB en tiempos de la guerra fría. El contexto
actual es diferente y está marcado por la evolución tecnológica y la globalización. En Occidente se habla mucho del
peligro que representa el islamismo para los países de Europa y Norteamérica, pero lo que vemos son los ejércitos occidentales ocupando países musulmanes o interviniendo militarmente. La propaganda de los enemigos de Occidente lo
aprovecha, lo difunde por internet y llega inmediatamente a
un amplio público.

Los occidentales disponen de dos medios para luchar
de forma eficaz contra el terrorismo, ninguno de ellos militar: policial (informarse, vigilar y controlar los circuitos financieros) y político (no dar pie a que se les acuse de que los
valores que defienden son una simple excusa para ocupar).
En la actualidad, la ocupación de Afganistán no es un remedio contra las agresiones, sino que se ha convertido en una
causa de las mismas. A la vez, esta implicación militar tiene
un precio tan elevado que debería chocar a la población de
los países occidentales, en especial en estos tiempos de crisis
económica y financiera. Si no lo hace, es porque nos resulta
imposible imaginar cifras tan colosales. Antes de que llegara
al poder el nuevo presidente de Estados Unidos, Barack
Obama, la guerra de Afganistán había ya costado un billón

de dólares, y en adelante se dilapidan mil millones por semana. En 2010 aumentó a treinta mil millones más. También
los aliados hacen su aportación: la guerra cuesta a Francia
un millón de euros diario. ¿Es de verdad la mejor manera de
emplear este dinero?

LAS TENTACIONES DEL ORGULLO Y DEL PODER

No es posible que Obama, enemigo declarado de la guerra
de Irak tal como la había desencadenado el presidente Bush,
no esté al corriente de estos argumentos contra la intervención militar estadounidense en Afganistán, que ya han ex-
puesto varios comentaristas. Tampoco puede escapársele que
el argumento de que esta intervención es una «guerra justa»
es de lo más frágil. En su discurso de Oslo, adonde se desplazó en diciembre de 2009 para recibir el Premio Nobel de la
paz, Obama afirmaba que Estados Unidos hacía en Afganistán una «guerra justa», y enumeraba tres condiciones necesarias para que una guerra pudiera considerarse tal: «en caso
de legítima defensa, si la fuerza que se emplea es proporcional
y si se deja al margen a la población civil». Pero en las circunstancias actuales ninguna de las tres se cumple. Nadie, ni en
Afganistán ni en ninguna otra parte, puede creer en serio que
los jefes de guerra locales o los combatientes religiosos amenazan la seguridad de Estados Unidos. Nadie puede considerar «proporcional» un ejército de cien mil hombres frente
a quinientos combatientes de Al Qaeda. Y nadie puede negar
que las intervenciones aéreas implican importantes pérdidas
civiles. Entonces, ¿por qué seguir por este camino, que no
lleva al objetivo deseado?

La única respuesta racional es que el objetivo que se busca no es el que se dice. Podemos hacernos una idea del primero con varias frases que, como quien no quiere la cosa,
Obama introduce en su discurso. Afirma que Estados Unidos tiene la obligación de asumir una «carga», ya no la del
hombre blanco, como en Kipling, sino la de un pueblo que

tiene una misión concreta: «garantizar la seguridad mundial», es decir, hacer de policía de la humanidad y contribuir a defender la libertad en todo el mundo. Ése sería el «interés ilustrado» del pueblo estadounidense. Así, el mesianismo político que llevó a la guerra de Irak sigue vivo, pero se apoya en una creencia colectiva que, aunque no es de origen religioso, tiene el mismo carácter absoluto que los mandamientos divinos y parece escapar a la argumentación racional. En otras palabras, ¿cuál sería el origen de este tipo de misión?

En la misma línea, Obama plantea abiertamente la utilidad de la guerra «más allá de la autodefensa o de la defensa de un país contra un agresor», tanto para proteger a una población de su propio Gobierno como para detener una guerra civil. En definitiva, «el empleo de la fuerza estará justificado por razones humanitarias». Y aclara que este tipo de intervenciones pueden llevarse a cabo de manera preventiva. En este punto concreto la política estadounidense se desplaza del principio universal del derecho a la autodefensa al mesianismo, que lleva al país a creerse el responsable de salvar a la humanidad. A Obama le parece necesario asegurarnos que «el mal existe en el mundo». Es cierto, pero ¿no deberíamos insistir en que la tentación del bien (lo que él mismo llama «las tentaciones del orgullo y del poder») ha hecho infinitamente más daño que la «tentación del mal»? Si aceptamos imponer el bien por la fuerza, entonces dejamos atrás el principio que también reivindica Obama, a saber, que a todos los pueblos les mueven las mismas necesidades fundamentales, y por lo tanto merecen el mismo respeto. Ahora los unos deciden por los otros. Por último, si la idea de «guerra justa» podía suscitar reservas, la de «guerra humanitaria» lleva directamente a pensar en Orwell y en los eslóganes del partido en su novela *1984*.

Parece que a Estados Unidos le interesa hacer esta guerra, porque muestra e ilustra su superioridad militar (sabemos que es indiscutible y que el país acepta pagar un precio por ella, ya que su presupuesto militar, seiscientos mil millones de dólares anuales, es igual a la suma de los presupuestos militares de todos los demás países del mundo). La aspiración al poder no necesita más justificación que el poder en sí. Puntualmente puede haber otras razones (por ejemplo, asegurarse el aprovisionamiento estratégico de petróleo), pero en general se busca el poder por el poder. Desde este punto de vista, es fundamental no perder el prestigio. Ahora bien, reconocer que la intervención en Afganistán no estaba justificada no dejaría de producir mal efecto, de modo que Obama prefiere legitimar el error presente con un error pasado.

LA GUERRA DE LIBIA: LA DECISIÓN

La última intervención occidental destinada a llevar el bien a los demás países del mundo fue la guerra de Libia, que se desencadenó en marzo de 2011 y alcanzó la victoria en agosto de este mismo año. La aparente diferencia entre esta guerra y las anteriores, en Irak y en Afganistán, fue que en esta ocasión se contaba con una resolución del Consejo de Seguridad de la ONU autorizando la intervención, que en los casos precedentes no existía. Además esta resolución estuvo justificada por un principio nuevo, que resume la expresión «responsabilidad de proteger». Sin embargo, pese a las apariencias, pese a las invocaciones solemnes a los nobles principios de libertad, democracia, derechos humanos y respeto al pueblo, la situación no es tan diferente de las anteriores. Analicemos en primer lugar estas dos innovaciones.

La «responsabilidad de proteger» es un concepto que surge al constatar la terrible impotencia de las Naciones Unidas durante el genocidio ruandés. He recordado que en esta ocasión se invocó el «derecho de injerencia», que permitía intervenir militarmente en situaciones urgentes, pero la fórmula no inspiraba confianza en el resto del mundo, ya que recordaba demasiado a la época anterior, cuando las grandes potencias decidían por su cuenta el curso que debían seguir los asuntos mundiales. La «responsabilidad de proteger» pareció una fórmula más prudente, y la asamblea general de la ONU adoptó el principio en 2005. La idea subyacente era que si un Gobierno no tiene la capacidad o la voluntad de proteger a su población, las Naciones Unidas tienen derecho a intervenir en el país sin solicitar la autorización del Gobierno. Como el coronel Gadafi había ordenado reprimir de forma sangrienta a los que pedían que se marchara, parecía poder aplicarse el principio de protección.

Pero lo cierto es que el sentido de la decisión no está del todo claro. De entrada, porque la fórmula es muy vaga. ¿Hay que entenderla en sentido mínimo, como introducir ayuda humanitaria? ¿O admitir que una fuerza militar debe proteger esa ayuda? ¿O entender que pueden destruirse las fuerzas armadas que amenazan a la población civil? ¿O entenderla en sentido amplio, como derrocar al Gobierno al que se considera responsable de esta situación y sustituirlo por otro que los que intervengan consideren preferible? Es evidente que en función de la respuesta que demos a estas preguntas llegamos a situaciones muy diferentes. Y desde el momento en que esa «protección» ya no implica simple ayuda humanitaria, sino intervención militar en otro Estado, cuesta ver en qué se diferencia del «derecho de injerencia» que se esgrimía anteriormente.

Además, interpretar y aplicar esta «responsabilidad» está en manos del Consejo de Seguridad de la ONU, en el que sabemos que los miembros permanentes (Estados Unidos, Rusia, China, Gran Bretaña y Francia) tienen derecho al veto. Esta particularidad del reglamento es el pecado original tanto del Consejo como del orden internacional, que se supone debería garantizar. Al disponer de este derecho, los miembros permanentes del Consejo se sitúan desde el principio por encima de la ley que deberían aplicar. Ni ellos ni los países a los que deciden proteger pueden ser condenados. Por lo tanto, la justicia en cuestión es muy selectiva. Esto permite entender por qué, pese a que se sabe que muchas poblaciones civiles sufren, en algunos lugares nunca se intervendrá. Basta con pensar en los chechenos en Rusia, los tibetanos en China, los chiíes en países suníes (y viceversa), los palestinos en territorios ocupados por Israel, etc. En el mismo momento en que se decidía intervenir en Libia, los miembros del Consejo apoyaban las injerencias de Arabia Saudí en los países vecinos, de naturaleza muy diferente y destinadas a defender el poder establecido contra las multitudes rebeldes, o apelando a la necesidad de equilibrio en la zona, se limitaban a reprender a Siria por la represión a la que sometía a su población, muy similar a la de Libia.

Pero no es eso lo más grave. Los miembros permanentes pueden decidir intervenir donde quieran sin la autorización de las Naciones Unidas, como hicieron en Kosovo y en Irak, porque vemos que no acarrea la menor sanción oficial. El orden internacional que representa el Consejo de Seguridad consagra el imperio de la fuerza, no del derecho. Algunas veces se dice con orgullo que este nuevo orden mundial pone fin a la sacrosanta idea westfaliana de soberanía de los Estados, al principio de que «cada uno en su casa es amo y dueño», es decir, que cada Gobierno hace lo que quiere en su país, y es quien decide lo que está bien y lo que está mal. Aunque sin duda se trata de un orden imperfecto, es sustituido por un principio más antiguo todavía, el de que la fuerza es el derecho, y los poderosos del mundo pueden imponer su voluntad a los más débiles. Ahora uno puede ser amo y dueño en todas partes.

Someter el principio de la soberanía nacional al del gobierno universal es un acto que por sí mismo instaura la desigualdad, porque en lo sucesivo el mundo se divide en dos grupos de Estados, los que pueden hacer lo que quieren en su casa y en las de los demás (los miembros permanentes del Consejo de Seguridad, que disponen de derecho a veto), y los que, como los retrasados o los niños pequeños, están bajo la tutela de los primeros y se les castigará cada vez que no cumplan las normas. Por eso, en otros momentos de la historia, la vida internacional prefirió reivindicar un principio diferente: no imponer el mismo bien a todos, sino aceptar la pluralidad de ideas y la soberanía de los países. Además, es el único principio compatible con la idea de igualdad de los países y que se opone a que se dividan en dos categorías, los que merecen dirigirse por sí mismos y los que deben ser gobernados por otros, como en los tiempos de las colonias. Cuando hoy en día vemos titulares en los periódicos que dicen «Londres y París deciden la suerte de Libia», podríamos creer que hemos vuelto ciento treinta años atrás, cuando Gran Bretaña y Francia, grandes potencias coloniales, gobernaban de facto en África y Asia, y elegían a los gobernantes de los países sometidos a su tutela.

LA GUERRA DE LIBIA: LA EJECUCIÓN

La primera víctima de la intervención, antes incluso de que cayeran las bombas destinadas a proteger a la población, fue el discurso político y mediático en los países que habían tomado la iniciativa, porque se olvidaron los datos exactos y los matices para dar paso a los esquemas maniqueos, los superlativos antitéticos, los batiburrillos aproximados y los himnos a la guerra victoriosa. Ya sólo se aludía al jefe enemigo con insultos. Se convirtió en el demente, el loco, el verdugo, el tirano sanguinario o siniestro, cuando no se le devolvía a sus orígenes de «astuto beduino». Frente a él sólo encontrábamos a caballeros blancos portadores de la libertad, a luchadores irreprochables que defendían los valores universales. Abundaron las cantinelas patrióticas. Francia debía sentirse legítimamente orgullosa de su papel en esta guerra, porque, al haber sido la primera en enrolarse, había dado un gran golpe y había defendido su honor. La guerra era hermosa, y las batallas ganadas llegarían a ser leyenda. Los eufemismos estaban a la orden del día. No se decía que tenemos que matar sin remordimientos, sino que «tenemos que asumir nuestras responsabilidades», ni que es preciso reducir la cantidad de cadáveres, sino que debemos proceder «sin excesivos destrozos». Se justificaba la entrada en la guerra con comparaciones azarosas: no intervenir habría supuesto repetir los errores cometidos en España en 1937, en Múnich en 1938, en Ruanda en 1994... Los lanzamientos de armas en paracaídas a los insurgentes recordaban al presidente Sarkozy los que los aviadores británicos lanzaban a los maquis franceses durante la Segunda Guerra Mundial.

Cuando dejamos de lado esta retórica eufórica, descubrimos una realidad un poco diferente. El objetivo que se invocó en un principio era aflojar el tornillo, encarnado por el ejército de Gadafi, que amenazaba con provocar un baño de sangre en la ciudad de Bengasi. Este objetivo, que podríamos considerar legítimo en sí mismo, se consiguió desde el primer día. Pronto hubo que rendirse ante la evidencia de que el objetivo real de los Estados extranjeros implicados en la guerra no era sólo proteger a la población civil, o quizá habría que interpretar esa protección en sentido extremadamente amplio. El objetivo de la operación era destituir al jefe del Estado y sustituirlo por otro, más condescendiente con Occidente, o más dócil. La resolución del Consejo de Seguridad data del 17 de febrero, y la intervención empieza el 19 de marzo. Ya el 24 de febrero, el ministro francés de Defensa, Alain Juppé, afirma que Gadafi debe dejar el poder. Al día siguiente, el presidente francés confirma esta opción. Algo después, el nuevo ministro de Defensa, Gérard Longuet, explica la necesidad de unificar ambos objetivos: «Proteger a las poblaciones implicaba golpear toda la cadena».

Lo cierto es que el objetivo de la intervención nunca fue imponer un alto el fuego, porque las exigencias a este respecto seguían siendo unilaterales. Se pedía a los leales que interrumpieran los ataques, pero a los insurgentes no se les pedía que depusieran las armas. Además, los insurgentes eran hostiles a la idea de alto el fuego. Preferían continuar la lucha hasta que la OTAN hubiera destruido o expulsado a sus enemigos. Esto explica que los bombardeos de la OTAN rápidamente se centraran ya no en torno a las ciudades sitiadas por los leales, sino en la capital, Trípoli. Oficialmente eliminar a Gadafi no formaba parte de los objetivos, pero la

Alianza bombardeaba asiduamente todos los lugares en los que podía estar, como centros de mando, de control y de comunicación. Si lo mataban, no sería intencionadamente... En realidad, la situación inicial de una multitud que se manifiesta pacíficamente y que es reprimida brutalmente por las fuerzas del régimen pasó rápidamente a ser una guerra civil entre partidarios y adversarios de Gadafi, leales e insurgentes, apoyados por las diferentes tribus que forman el país. Y la OTAN se puso al servicio de una de las facciones de esta guerra civil. Desde este punto de vista, la situación era parecida a la de Kosovo en 1999, cuando la OTAN dirigía la guerra contra el poder serbio en lugar del UCK, el grupo de insurgentes albanófonos. Según las estimaciones del presidente del Consejo Nacional de Transición (CNT), Mustafa Abdul Jalil, la guerra de Libia habría causado unos veinte mil muertos, cifra que en octubre se redondeó a treinta mil. Las víctimas de los bombardeos de la OTAN son una parte, cuyas dimensiones no conocemos. No se mantendrá en este caso la diferencia falaz, propuesta por el tribunal penal internacional, entre víctimas a las que se apuntaba voluntariamente (las de Gadafi) y víctimas a las que se alcanza de forma involuntaria (las de la OTAN). La función de las bombas es destruir y matar. Sencillamente, en los combates no se contabilizan las víctimas del enemigo. Entre los «daños colaterales» hay que mencionar también a los refugiados que huyen de un país en guerra, que se apiñan en embarcaciones improvisadas diciéndose que la vecina Europa abrirá los brazos de par en par para acogerlos. Se estima que al menos mil doscientas personas murieron ahogadas en las costas libias.

La implicación de la OTAN fue decisiva en el desenlace de los combates. Al principio del conflicto, los leales estaban mejor armados que los insurgentes, y por lo tanto conseguían algunas victorias locales. Sin embargo, enseguida la asimetría se desplazó entre las fuerzas de la OTAN y las leales. Los cañones de las unas destruían los fusiles de las otras, y a los misiles de los unos les costaba poco destruir los cañones de los otros. Dada esta desproporción de fuerzas, el desenlace militar de la confrontación no planteaba dudas, y lo único que no se sabía era lo que durarían los combates. La acción empezó con el dominio del espacio aéreo (destrucción de los aviones enemigos y de la defensa antiaérea). Sólo la OTAN, que asumió el mando de las operaciones el 31 de marzo, hizo 20.262 salidas aéreas, de las cuales 7.635 dieron en el blanco. Se aseguró también el dominio del mar con dieciséis buques. Mediante incursiones orientadas, interrumpió el aprovisionamiento de petróleo de los leales y también entregó armas a los insurgentes. Fue posible tomar Trípoli gracias a la estrecha cooperación entre estos últimos y la OTAN, que bombardeó en tres días cuarenta y dos objetivos en la ciudad, entre ellos la residencia-fortaleza de Gadafi, a la que se sumaron los ataques de los aviones no tripulados y la presencia de «técnicos» en tierra. Fueron los aviones franceses los que en octubre de 2011 permitieron capturar y linchar a Gadafi. No es sorprendente que los bombardeos tuvieran la última palabra y venciéramos.

La ambigüedad en el objetivo de la intervención suscitó gran cantidad de interrogantes y oposiciones, que aumentaron a medida que se acercaba el final. De entrada, los países de la Unión Africana no estaban de acuerdo en intervenir, y progresivamente tampoco los países del BRICS (Brasil, Rusia, India, China y Sudáfrica), que se abstuvieron cuando se votó en el Consejo de Seguridad y que representan ellos solos a la mayoría de la población mundial. Consideraron que la campaña de la OTAN iba mucho más allá de lo que permitía la resolución votada. «En lugar de proteger a las poblaciones», afirmaba el presidente sudafricano Jacob Zuma, la intervención «ha permitido que el grupo rebelde avanzara». En la propia Europa no tuvo el apoyo de la mayoría. Sólo Italia, Dinamarca, Noruega y Bélgica se unieron a los países que intervinieron, Gran Bretaña y Francia.

Occidente decidió llamar «mercenarios» o «poblaciones sumisas» a los partidarios de Gadafi, y «pueblo» a sus adversarios, y optó por estos últimos. Los agraciaba también con calificativos como «demócratas», aunque nada podía justificarlo. Por lo que sabemos ahora, las fuerzas hostiles a Gadafi eran muy heterogéneas. Entre ellas había defensores de las ideas democráticas, pero también islamistas y combatientes de Al Qaeda, antiguos dignatarios del régimen de Gadafi y libios que habían emigrado a Occidente y establecido sólidos vínculos con círculos políticos o del mundo de los negocios. Por poner algunos ejemplos, el presidente del CNT, Abdul Jalil, dirigió durante años el tribunal de apelación de Trípoli y confirmó en dos ocasiones la condena a muerte de las enfermeras búlgaras acusadas de haber propagado el sida en Libia. Como recompensa a su buen trabajo, Gadafi lo nombró ministro de Justicia, puesto que ocupó hasta su deserción, en febrero de 2011.

Las fuerzas armadas de los rebeldes estuvieron durante un tiempo al mando del general Abdel Fatah Yunes, compañero de armas de Gadafi de 1969 a 2011, antiguo ministro del Interior y jefe de las tropas especiales que durante décadas se dedicaron a reprimir a la población. Lo mataron a finales de julio de 2011 en circunstancias no esclarecidas, probablemente antiguos islamistas. Hasta ese momento su labor había consistido en organizar su persecución. El nuevo gobernador militar de Trípoli es Abdelhakim Belhadj, antiguo miembro de Al Qaeda, combatiente de Afganistán, detenido y torturado por la CIA antes de devolverlo a los carceleros libios. El gran protector de los insurgentes, el emir de Qatar, no es especialmente famoso por sus aspiraciones democráticas. En cuanto al «primer ministro» del CNT, Mahmud Yibril, y a su «Señor Petróleo», Ali Tarhuni, son sobre todo conocidos por haber estudiado y trabajado mucho tiempo en Estados Unidos. ¿No está todo el discurso «democrático» de los occidentales un poco desplazado en el contexto libio, un país en el que nunca ha habido elecciones, que no tiene partidos políticos ni equivalente a lo que llamamos «sociedad civil»?

IDEALISTAS Y REALISTAS

Al constatar que el argumento «democrático» no basta para explicar la elección occidental de uno de los contendientes en detrimento del otro, nos preguntamos si no estaríamos más cerca de la verdad viendo en la revuelta inicial un golpe de Estado en el que los golpistas propusieron un trato a Occidente: que las fuerzas de la OTAN eliminaran a Gadafi para que pudieran hacerse con el poder, y a cambio concederían a sus benefactores el libre acceso a las reservas petrolíferas del país... Estrategia tanto más verosímil cuanto que disponer de un aliado fiel en Trípoli puede resultar muy útil en un momento en el que las conmociones políticas en los países árabes vecinos amenazan con llevar al poder a dirigentes que serían mucho menos favorables a Occidente que los autócratas derrocados.

Esta hipótesis empezó a confirmarse días después de la caída de Trípoli. La prensa publicó una carta del CNT, de hacía varios meses, que se comprometía a reservar a Francia el treinta y cinco por ciento de su producción petrolífera como recompensa por el «apoyo total y permanente a nuestro Consejo». Los dirigentes del CNT negaron la existencia de esta carta, pero en términos que equivalen a confirmarla, como Abdul Jalil el 25 de agosto: «Prometemos favorecer a los países que nos han ayudado. Los trataremos en función del apoyo que nos hayan dado». Juppé, en ese momento ministro de Asuntos Exteriores, tomó nota del mensaje. «Me parece bastante lógico y justo», asintió. En el mismo momento, el ministro francés de Defensa señalaba que Francia había sido responsable del treinta y cinco por ciento de los ataques aéreos a las fuerzas de Gadafi, una curiosa coincidencia de cifras. Si este porcentaje se confirma, podremos decir que la causa humanitaria (impedir el baño de sangre) habrá sido una especie de caballo de Troya, una buena excusa para intervenir militarmente y controlar la orientación política de un Estado con grandes reservas energéticas.

Hay sin duda muchas razones que explican por qué se llevó a cabo esta intervención, mientras que en circunstancias comparables no se interviene. ¿Por qué Libia, pero no Siria, Baréin o Yemen? Las razones pueden tener que ver con las dificultades que encuentran en ese momento de su carrera los dirigentes de los Estados que intervienen o también a los intereses políticos y económicos de estos Estados. Francia apoyó durante mucho tiempo las dictaduras de los países vecinos, Túnez y Egipto. Al decidir respaldar a los insurgentes en Libia, quizá esperaba seguir el rumbo de la historia. A la vez mostró que sus armas eran eficaces, lo que la coloca en posición de ventaja en futuras negociaciones. Pero, más allá de justificaciones puntuales, también se mantiene un marco común.

En su discurso del 28 de marzo de 2011, el presidente de Estados Unidos, Obama, legitimó ante el mundo la intervención de manera bastante parecida a como lo había hecho con la guerra de Afganistán. Como era perfectamente consciente de que la seguridad de Estados Unidos no está en entredicho en Libia (no se trata de una guerra en defensa propia), recurrió al papel excepcional que debe asumir su país para mantener el orden internacional. Estados Unidos es «el garante de la seguridad mundial y el defensor de la libertad humana», y tiene la responsabilidad de dirigir al resto del mundo. Así, debe intervenir cada vez que en algún rincón del mundo se produce un desastre natural, pero también para «prevenir los genocidios, asegurar la seguridad en la zona y mantener la libertad de comercio» (como vemos, Obama tiene tan presentes los intereses económicos de Estados Unidos como G. W. Bush). En esta ocasión, la naturaleza de la misión no es ni divina, ni fruto del consenso, sino que sencillamente deriva de su estatus «como país más poderoso del mundo». Vemos cómo la fuerza se viste con los colores del derecho. Y Obama concluye aplicando la teoría al caso concreto: Gadafi tiene que dejar el poder.

La intervención en Libia confirma el esquema mesiánico que ya conocen las democracias occidentales. Gracias a sus éxitos tecnológicos, económicos y militares, están convencidas de su superioridad moral y política sobre los demás países del planeta. Deciden pues que su poder militar les otorga el derecho, incluso el deber, de gestionar los asuntos del mundo entero (a excepción de los demás miembros permanentes del Consejo de Seguridad y de sus protegidos), de imponer a los países mal considerados los valores que creen superiores y, en la práctica, los Gobiernos que estiman aptos para dirigir la política adecuada. El caso de Gran Bretaña y Francia, que lideraron la coalición que intervino en Libia, es algo más concreto. Ambos países eran las grandes potencias coloniales hace cien o doscientos años, pero en la actualidad han pasado a ser potencias medias que deben tener en cuenta la voluntad de países más fuertes que ellos. De pronto se les presenta la ocasión de mostrar su capacidad militar y de gozar de la impresión de que vuelven a gestionar los asuntos mundiales, y no dudan en aprovecharla. El presidente francés, espoleado por los resultados obtenidos, señaló el siguiente objetivo. El 31 de agosto de 2011 advirtió a Irán de la posibilidad de un «ataque preventivo» contra los centros nucleares, con lo que retomó la idea de guerra preventiva que había anticipado G. W. Bush.

Sin embargo, podíamos imaginar un desenlace diferente en la crisis libia, desenlace que por lo demás pedían los demás países africanos, aunque pasaron por alto su opinión. Tras la intervención inicial, que destruyó las fuerzas aéreas del régimen y detuvo el avance hacia las ciudades, que estaban en manos de los insurgentes, era posible imponer el alto el fuego a todos los contendientes. Después podrían haberse entablado negociaciones políticas, preferentemente bajo la égida de la Unión Africana. En estas circunstancias podría haberse negociado la salida de Gadafi. Si no se hubiera llegado a un acuerdo, se podría haber decidido convertir el país en una federación, incluso dividirlo. Se trata sin duda de soluciones provisionales e imperfectas, pero libres de la desmesura que supone la idea de imponer el bien por la fuerza.

En un primer momento, la intervención en Libia, dirigida por Gran Bretaña y Francia, con la ayuda de Estados Unidos, recibe el apoyo de gran parte de la población de estos países. Los «halcones liberales», como los llaman en Estados Unidos, defensores de un enérgico intervencionismo en nombre de los valores democráticos y de los derechos humanos, se ponen de acuerdo con los defensores nacionalistas de los intereses de su país. Gadafi era un dictador terrible, y además su país cuenta con las mayores reservas de petróleo de todo el continente africano. Esta coincidencia explica por qué tanto la izquierda como la derecha se suman a esta opción, tanto más cuanto que, gracias a la superioridad tecnológica, esta guerra no causa víctimas en la población de los que intervienen. Se suman a los partidarios de la guerra los que quieren volver a estar en el bando de los ganadores. Y todos ellos son sin duda mayoría. Sin embargo, es de temer también que, como el velo idealista ya no oculta los intereses reales, la población de estos países interprete todas estas peripecias como una elocuente lección de cinismo moral. Además, la estigmatización actual del régimen de Gadafi proyecta ya una luz cruel sobre la política de estos países en años anteriores. Desde 2004 este régimen recibía aprobaciones y gestos de amistad, los jefes de Estado franceses y británicos se trasladaban a Trípoli, e incluso los servicios secretos de ambas partes intercambiaban información y a prisioneros recalcitrantes, como Abdelhakim Belhadj. Entonces, ¿todo aquello no era más que hipocresía? ¿Cómo creer ahora en los discursos públicos? ¿Cómo confiar en nuestros dirigentes políticos? Dudo mucho que esta lección sea útil para la educación cívica del pueblo.

También podríamos decir que, por norma general, las relaciones entre países obedecen sólo a la fuerza y a los intereses, a diferencia de las que se establecen dentro de cada país. En este caso, ¿para qué enfadarse por cada nuevo ejemplo de esta ley? Pero suponiendo que así sea, ¿cómo no ver que las víctimas –colaterales, si se quiere, pero inevitables– serán las propias ideas de justicia, de democracia y de derechos humanos, que aparecen ahora como una manera cómoda de ocultar actos que nos proporcionarán más riqueza y poder? ¿No sería preferible quitar el «papel de regalo» con el que se envuelven las injerencias y acercarse un poco más a la verdad? No olvidemos además que los que padecen nuestras «guerras humanitarias» no sufren menos que los de las guerras antiguas. Antes de entonar un himno a la gloria de una nueva conflagración realmente mejor que todas las demás, quizá haríamos mejor pensando en las lecciones que sacó Goya hace doscientos años de otra guerra en nombre del bien, la de los regimientos napoleónicos que pretendían llevar la libertad y el progreso a los españoles. Las masacres cometidas en nombre de la democracia no son más fáciles de soportar que las que provoca la fidelidad a Dios o a Alá, al guía o al partido. Tanto las unas como las otras llevan a los mismos *desastres de la guerra*.

LA POLÍTICA FRENTE A LA MORAL Y LA JUSTICIA

La tercera fase del mesianismo político es un efecto paradójico del feliz acontecimiento que cierra la historia del siglo xx: la caída del muro de Berlín, el hundimiento de los regímenes comunistas y el fin del episodio totalitario. Hasta entonces, el equilibrio entre las dos superpotencias –un equilibrio del terror– garantizaba la relativa estabilidad del mundo. Cada una podía «hacer la limpieza» en su esfera de influencia y dominar sus satélites, pero ejercía también el papel de freno de la otra. Desde que sólo queda una superpotencia, el peligro de la desmesura ha aparecido bajo una nueva forma, porque ya nada se opone a que sus actividades se expandan. Estados Unidos está tentado de convertirse en la policía mundial e imponer su voluntad por la fuerza, que no es sorprendente que presente con los colores del bien.

Se reclutan partidarios de esta estrategia en todo el espectro político actual, tanto en la izquierda como en la derecha. La intervención en Kosovo tuvo lugar durante la presidencia de Bill Clinton, la de Irak durante la de George W. Bush, y Barack Obama emprende las guerras en Afganistán y en Libia. En todos los casos, los intereses del Estado parecen más importantes que las opiniones o intenciones concretas del presidente estadounidense. Es como si el jefe del país más poderoso del mundo no pudiera actuar de otra manera. Salvando las distancias, lo mismo podríamos decir de los dirigentes europeos, de la clase política en general y de los intelectuales. Se reclutan indistintamente en todos los grupos políticos.

A lo largo de la historia, muchas intervenciones militares reivindicaron esta postura casi moral, aunque parecen más características del mesianismo político occidental. El esquema es el mismo: en el momento de la acción se anuncian objetivos universales y morales –se trata de mejorar la suerte de la humanidad o de parte de ella–, lo que provoca un movimiento entusiasta y facilita que el proyecto se lleve a cabo. Estamos convencidos de que por el simple efecto de la voluntad colectiva podemos lograr cualquier objetivo y avanzar indefinidamente por el camino del progreso. Tiempo después –un año o un siglo– nos damos cuenta de que el objetivo presuntamente universal no lo era, que se ajustaba más bien a los intereses particulares de los que lo formularon. Entonces nos prometemos a nosotros mismos que no volveremos a caer en la trampa, a menos que las nuevas circunstancias sean realmente excepcionales...

El efecto de estas iniciativas es negativo a nivel general. Más allá de los casos concretos, podemos indicar dos razones estructurales.

La primera es que la violencia de los medios anula la nobleza de los fines. No hay bombas humanitarias ni guerras misericordiosas. Las poblaciones que las sufren cuentan los cadáveres, y nada saben de los sublimes objetivos (dignidad, libertad, derechos humanos y civilización). A los partidarios de estas intervenciones les sorprende descubrir que provocan efectos contrarios a los objetivos que se pretendían. Su fracaso procede del hecho de que decidieron actuar o *bien*

partiendo sólo de sus ideas, sin preocuparse de las consecuencias de sus actos, *o bien* partiendo sólo de su necesidad
de conseguir el éxito inmediato, sin preocuparse del marco moral y legal en el que se inscriben sus actos. La ética de
convicción, de la que habla Max Weber, no se opone a la ética de responsabilidad, sino al puro pragmatismo, a la búsqueda de eficacia directa. Pero la responsabilidad implica
encontrar un fundamento moral y legal para la política que
se lleva a cabo, y a la vez tener en cuenta todos los elementos del contexto, por lo tanto también los probables efectos
de su acción, y sin ello toda iniciativa está destinada al
fracaso.

La segunda razón es que, como no se propone el bien a
los demás, sino que hay que imponérselo por la fuerza, se
postula de entrada que son incapaces de dirigirse por sí mismos y que para ser liberados tienen antes que someterse.
Pero plantear así la desigualdad entre ellos y nosotros es
enfrentarse al primer principio de la justicia, de la moral y
de lo que se supone que queríamos representar. El resultado de esta contradicción interna es que comprometemos por
mucho tiempo los valores democráticos a los que pretendía-
mos servir, porque a los supuestos beneficiarios les parecen
una máscara que esconde otras motivaciones políticas, económicas e ideológicas. También ponemos en entredicho las
acciones humanitarias de esos mismos países, pese a que a
menudo son desinteresadas, y esa puesta en entredicho es
más fácil cuando los humanitarios aceptan la ayuda logísti-
ca que les ofrece el ejército de ocupación o cuando contribuyen a desencadenar las acciones militares señalando públicamente las violaciones de derechos humanos.

Señalemos que lo que está en cuestión aquí no son los
derechos humanos, sino cómo se pretende promoverlos. En
lugar de ser un ideal personal, o un horizonte de acciones que
emprende la sociedad civil, o un fundamento de la legislación en los países democráticos, se presentan como el principio sobre el que opera la política exterior de un Estado, con
lo que legitiman las guerras cuyo objetivo es instaurar el bien.

Constatar los daños de este tipo de invocación de los valores universales y de la moral en las relaciones internacionales no implica renunciar a ellos por principio, sino que sugiere circunscribirlos a situaciones concretas, en función de un contexto siempre diferente. Sería imposible prohibir la guerra, pero incluso en tiempos de guerra podemos desterrar en nombre de estos valores la tortura, la violación y la reducción a la esclavitud. En un caso extremo, como un genocidio en un país vecino, puede pensarse en intervenir militarmente sin que se haya solicitado, pero hay que recordar que, precisamente porque evocar un genocidio provoca fuertes reacciones, puede utilizarse como medio de manipulación que permite alcanzar otros objetivos. Por mucho que se haya dicho, no hubo genocidio en Kosovo en 1999, como tampoco lo hubo en Darfur en 2009. En estos últimos años asistimos a una sospechosa trivialización de este término. A juzgar por la frecuencia con que se emplea, podríamos creer que en la historia de la humanidad nunca ha habido un periodo tan lleno de genocidios como el de después de la guerra fría.

Indudablemente hay guerras legítimas: las guerras en defensa propia (fue el caso de la Segunda Guerra Mundial para los Aliados y de la intervención estadounidense en Afganistán en 2001) y las guerras para impedir un genocidio o una masacre (uno de los raros ejemplos podría ser la intervención vietnamita que interrumpió el genocidio camboyano en 1978-1979). Por el contrario, no son legítimas las guerras que se inscriben en un proyecto mesiánico y cuya justificación es imponer a otro país un orden social superior o hacer que imperen los derechos humanos.

Así como la guerra no debe reducirse a aplicar principios morales, la política internacional no puede someterse a las reglas del derecho. Y por la sencilla razón de que para que la justicia sea efectiva, necesita una fuerza ejecutora, pero esta fuerza ejecutora forma parte de Estados concretos. Mientras no exista un Gobierno mundial –perspectiva poco atractiva–, la justicia universal corre el peligro de ser una fachada al servicio de los más fuertes. Desde 2002 existe un Tribunal Penal Internacional, con sede en Roma. ¿Supone de verdad un avance hacia la justicia universal? No podemos afirmarlo con demasiado entusiasmo. El fiscal de este tribunal depende directamente del Consejo de Seguridad de la ONU, en el que, como hemos recordado, los cinco miembros permanentes disponen de derecho a veto. La justicia internacional refleja esta desigualdad de entrada. Por principio, no se puede acusar a ninguno de estos países ni a los aliados a los que quiera proteger. Así, el Tribunal Internacional nunca condenará los bombardeos de Israel en Gaza, de Rusia en Georgia y de Estados Unidos en Irak. Las únicas personalidades a las que de momento ha acusado son de países africanos: Uganda, Congo, República Centroafricana y Sudán.

No será necesario que comentemos esta repartición de las intervenciones, pero podemos recordar un ejemplo reciente. En marzo de 2011 se celebra en La Haya, ante el Tribunal Especial para Sierra Leona, a instancias de la ONU, el juicio de Charles Taylor, antiguo presidente de Liberia. Sus abogados preguntan por qué no se juzga también a los demás responsables de la guerra civil que asoló Sierra Leona, como los jefes de Estado de Libia y de Burkina Faso. El fiscal le responde que es muy sencillo: porque las potencias que financian el Tribunal (Estados Unidos y Gran Bretaña) no lo aceptarían. WikiLeaks sacó a la luz telegramas que muestran que la embajada estadounidense de Liberia había anticipado la idea de juzgar a Charles Taylor para desacreditar al dirigente del país, que muy probablemente tiene las manos manchadas de sangre, pero su mala reputación no es la única razón para que se le acuse. Se mezclan de forma determinante argumentos políticos de los Gobiernos de los países más poderosos, incluso de grupos privados que influyen en sus decisiones.[24]

En mayo de 2011 asistimos a otras dos manifestaciones de la justicia internacional. Mientras los aviones franceses y británicos bombardeaban Trípoli, el fiscal de este Tribunal reclamó que se abrieran diligencias contra el dirigente libio,

Gadafi, y contra algunos familiares suyos por crímenes contra la humanidad. ¿Podemos de verdad fiarnos de la imparcialidad de esta justicia, que obedece las instrucciones del Consejo de Seguridad, responsable de la intervención en Libia? ¿Son más valiosas las víctimas civiles de unos que de otros? ¿No parece más bien que la justicia se ha puesto al servicio de la OTAN, como ya sucedió en 1999, durante la guerra contra Serbia?

En 1994 se anunció la detención del general serbio Ratko Mladic, al que consideraban responsable de las masacres de Srebrenica (Bosnia), y su traslado al Tribunal Internacional de La Haya, encargado de juzgar los crímenes cometidos en la guerra de Yugoslavia. Estos acontecimientos se celebraron por doquier como muestra del significativo avance de la justicia internacional y como la prueba de que poco a poco la fuerza se somete al derecho en todas partes. En esta ocasión (aunque no es la primera vez) se afirma que ahora todos los jefes de Estado y responsables importantes deberán echarse a temblar cuando cometan actos innobles, porque algún día tendrán que rendir cuentas. Pero esta imagen es una ilusión. Los únicos amenazados son los dirigentes de los Estados débiles y que carecen de protectores poderosos, como la mayoría de los países africanos. A menos que tenga lugar una guerra colosal, ningún presidente ni alto mando militar estadounidense, británico, francés, ruso, chino, indio, etc., será jamás considerado responsable a nivel penal de sus actos. El derecho internacional está sometido a la fuerza, siempre y cuando la fuerza sea realmente fuerte.

La moral y la justicia al servicio de la política de los Estados perjudican la moral y la justicia, porque las convierten en simples instrumentos en manos de los poderosos y las hacen aparecer como un velo hipócrita que oculta la defensa de sus intereses. El mesianismo, esa política en nombre del bien y de lo justo, perjudica tanto al uno como al otro. La famosa frase de Pascal lo ilustra perfectamente: «El que quiere hacer de ángel hace de bestia».[25] El orden internacional no mejora cuando permitimos que un grupo de países imponga sin restricciones su voluntad a todos los demás. La tentación de la desmesura pasa entonces a ser demasiado grande y corremos el riesgo de empañar la democracia ante los que deben beneficiarse de ella, y también de erosionar los principios de los mismos que la defienden.

4

La tiranía de los individuos

PROTEGER A LOS INDIVIDUOS

En el conflicto con el totalitarismo, la democracia se enfrentaba a fuerzas que impedían la libertad de las personas. Se trataba entonces de una hipertrofia del colectivo en detrimento del individuo, y el propio colectivo estaba sometido a un pequeño grupo de dirigentes tiránicos. Pero, en el mundo occidental actual, una de las principales amenazas que pesan sobre la democracia no procede de la expansión desmesurada de la colectividad, sino que tiene que ver con el fortalecimiento sin precedentes de determinados individuos, que de golpe ponen en peligro el bienestar de toda la sociedad.

Para observar el ascenso de este nuevo peligro tenemos que volver a la época de la Revolución francesa, que sustituyó el poder divino (fundamentado en una ley que procedía del exterior) por el poder popular (que se da a sí mismo su ley). Este objetivo se alcanzó rápidamente. Sin embargo, algunas mentes perspicaces no tardaron en darse cuenta de que no se habían descartado del todo los inconvenientes del orden antiguo. El poder del Estado se había legitimado, pero en las décadas anteriores había aparecido un nuevo protagonista social, el individuo, al que el nuevo régimen no trata mejor que el antiguo. Pese a la Revolución, se mantiene el absolutismo, y la ley no protege a este individuo.

Condorcet será una de estas mentes lúcidas. Se dará cuenta de que sus contemporáneos exigen una libertad que sus antepasados no conocían, la libertad de elegir su religión, de buscar la verdad sin trabas y de organizar su vida privada como mejor les parezca. Unos años después, cuando Napoleón ha tomado el poder en Francia, otro autor formulará con fuerza lo que él llama el «segundo principio de la política». Se trata de Benjamin Constant, que en 1806 escribe su gran tratado titulado *Principios de política*, obra que no aparecerá íntegramente en vida del autor, pero Constant publica varios fragmentos. En uno de ellos escribe: «La soberanía sólo existe de manera limitada y relativa. En el punto en el que empieza la independencia de la vida individual acaba la jurisdicción de esa soberanía».[1]

Frente al desastre que provoca el Terror, ese poder soberano del pueblo que descarriló, Constant y otros liberales de la época se dan cuenta de que es preciso aislar y proteger el espacio de la «vida individual». No se limitan a las precauciones que tomó Montesquieu para que se diferenciaran los poderes de la sociedad, de manera que uno pudiera frenar a otro, ni a los ajustes que adoptaron las monarquías europeas, en las que el poder temporal (el Estado) y el poder espiritual (la Iglesia) se limitan mutuamente. El pensamiento liberal introduce aquí un elemento nuevo de naturaleza diferente: el individuo, que no es un poder, sino un ser a proteger y un valor a apreciar. La moderación del régimen político, es decir, el pluralismo y la limitación recíproca de los poderes, ya no son más que medios que deben llevar a este fin último, proteger y dar plenitud al individuo. A partir de este momento ya no se piensa al individuo desde la perspectiva liberal, como elemento de un conjunto, la sociedad, sino como una entidad autónoma cuya vida social es sólo una circunstancia entre otras. Se la considerará una ayuda o un obstáculo en función de cuál sea su papel.

Se plantea entonces la pregunta de cuál es la amplitud de esta vida que escapa a todo control social. En un primer momento Constant se limita a las libertades civiles. Siempre y cuando no moleste a los demás, el individuo debe ser libre de actuar, de adherirse a las ideas que prefiera, de expresar sus pensamientos y de que se le trate de acuerdo con las leyes. Aun así, en un capítulo posterior de su obra Constant plantea otro tipo de libertad, situado en el ámbito material, que tiene que ver con lo que él llama la industria, es decir, a grandes rasgos, la economía. Se niega a «colocar al mismo nivel la libertad comercial y la libertad civil»,[2] porque es consciente de que la primera plantea problemas diferentes de la segunda, y no querría que poner en duda una nos hiciera dudar de la necesidad de la otra. Sin embargo, en los años siguientes tenderá progresivamente a colocar la libertad económica en el mismo plano que las demás libertades individuales.

En el siglo XVIII tiene lugar lo que Louis Dumont llama «una innovación sin precedentes: la separación radical de los aspectos económicos del tejido social, y su construcción en un ámbito autónomo».[3] Esta separación encuentra su fin en *La riqueza de las naciones*, de Adam Smith (1776), aunque tuvo precedentes en obras de muchos estudiosos y filósofos. En las sociedades tradicionales lo económico es sólo una dimensión entre otras del mundo social. En el siglo XVIII, en Francia y en Inglaterra empieza a pensarse la economía como una actividad aparte, separada de la política, de la moral y de la religión, una actividad que, por esta razón, escapa progresivamente a todo juicio de valor. La prosperidad de la economía pasa a ser un objetivo en sí mismo. La aportación concreta de Constant a este debate consiste en que incluye la exigencia de autonomía económica entre las demás libertades civiles, que son una de las principales cualidades de la sociedad democrática que anhela.

EXPLICAR LAS CONDUCTAS HUMANAS

Al mismo tiempo tiene lugar otro cambio decisivo. Los descubrimientos de Newton sobre la gravedad sacudieron las mentes, y la sombra del genial físico planea por todo el siglo XVIII. Muchos son los filósofos y estudiosos que analizan el comportamiento humano y sueñan con descubrir en él leyes tan generales y objetivas como las que estableció Newton en el mundo físico. Helvétius, autor de *Del espíritu* (1758), espera poder «hacer una moral como una física experimental».[4] Condorcet, que tuvo una formación de matemático, está convencido de que todos los «conocimientos humanos» podrán convertirse en objeto de las «ciencias matemáticas» y alcanzar el mismo rigor, una petición de principio que apenas hacen tambalear las juiciosas observaciones formuladas por el propio Condorcet sobre las diferencias entre los dos objetos a conocer, el mundo material y el mundo humano.

Constant se adentrará también en este camino, lo que influirá de manera decisiva en su concepción de la acción política. Está convencido de que la vida social obedece a leyes rigurosas, y que es posible descubrirlas. Los revolucionarios, fieles discípulos de Pelagio, creyeron que la voluntad humana podía transformar a su antojo la sociedad y a los seres que la forman (lo hemos visto con Saint-Just). Constant cree que de este modo dieron la espalda al conocimiento del mundo humano, que muestra una verdad muy diferente. La voluntad sólo tiene efectos superficiales. En realidad los hombres son movidos por fuerzas que no conocen. Estas fuerzas ya no se identifican, como en el pasado, con los designios divinos, sino con las leyes históricas y sociales, que a los estudiosos les corresponde formular. Estas leyes no escritas, implicadas en los asuntos humanos, cuentan mucho más que las leyes artificiales y circunstanciales con las que los dirigentes de todos los países cuentan para reformar las costumbres de sus ciudadanos. Constant escribe: «Como las leyes son sólo la expresión de las relaciones entre los hombres, y como estas relaciones están determinadas por su naturaleza, nadie puede hacer una ley nueva, sino que es sólo una afirmación nueva de algo que existía anteriormente [...] El legislador es para el orden social lo que el físico para la naturaleza. El propio Newton lo observó y nos comunicó las leyes que identificaba o creía identificar».[5] Una vez planteado que las leyes de la naturaleza y de la sociedad han sustituido los designios de Dios, podríamos creer que estamos mucho más cerca de Agustín que de Pelagio.

Así pues, los comportamientos humanos no poseerían ninguna especificidad respecto de los movimientos de los cuerpos celestes y terrestres. Esta negativa de toda diferenciación es resultado de un movimiento de largo recorrido. Observamos en la tradición occidental, tanto platónica como cristiana, la tendencia a imaginar al hombre como un ser aislado que, antes de entrar en contacto con sus semejantes, se relaciona exclusivamente con las cosas y las criaturas no humanas. Una visión de este tipo se opone a la que encontramos en la mayoría de las demás tradiciones y mitologías del mundo, en las que no se imagina a un hombre anterior al ser social que conocemos, y por lo tanto tampoco una relación con las cosas previa a la relación con los demás hombres. A finales del siglo XVII Locke expresará esta visión occidental en términos modernos: el hombre es dueño del fruto de su trabajo (en esto se parece a Dios, dueño del mundo, que ha creado en seis días) incluso antes de entrar en relación con los demás hombres, que se convierten aquí en participantes facultativos.

Los sucesores de Locke en el siglo XVIII querrán interpretar las relaciones entre los hombres *como si* fueran relaciones entre los hombres y las cosas, lo que permitirá precisamente aislar el ámbito económico del resto de la vida social. Tiene dos ventajas: el individuo afirma su libertad (sólo depende de sí mismo) y puede conocer bien el mundo humano, porque se asimila al mundo material, creado por nosotros y que por lo tanto podemos dominar.[6] Rousseau, que forma parte de esta tradición, constata la imposibilidad de reducir el mundo social al de la naturaleza, pero lo lamenta: «Si las leyes de los países pudieran tener una inflexibilidad que jamás fuerza humana pudiera vencer, como las de la naturaleza, la dependencia de los hombres sería como la de las cosas».[7] Medio siglo después, el utópico Saint-Simon convierte esta asimilación en uno de los postulados fundamentales de su doctrina cientificista, y afirma la necesidad de «sustituir el gobierno de los hombres por la administración de las cosas.»

En Constant, la primera consecuencia de esta asimilación de lo social a lo físico es que el ámbito de la acción política se ve notablemente limitado. El afán reformista y el frenesí legislativo de los revolucionarios eran vanos, incluso perjudiciales. Constant (y en esto le seguirán los neoliberales) piensa que la acción del Estado debe limitarse fundamentalmente a garantizar la seguridad de los ciudadanos, sirviéndose de la justicia y de la policía interna del país, y del ejército en lo que respecta a las amenazas exteriores, a lo que se añade recaudar los impuestos necesarios para mantener estos servicios. Por lo demás, debe dejar que los individuos actúen como les parezca. En la última exposición sistemática de su doctrina, *Commentaire sur l'ouvrage de Filangieri* (1822-1824), que retoma y resume sus textos anteriores, Constant es categórico: la actividad del Estado debe reducirse al mínimo, es decir, a mantener el orden público. «Más allá de ese límite todo es usurpación», «todo lo demás debe ser libre».[8]

Esta exigencia atañe también a las actividades económicas. No hay que ocuparse ni de «determinar las riquezas», ni de «distribuirlas con equidad», ni siquiera de «prevenir el exceso de opulencia». Los remedios a toda carencia vendrán de los individuos libres, siempre y cuando les dejemos actuar sin coacciones. «También podemos confiar en que los individuos encontrarán el bien.» «No es necesaria ninguna ley sobre la industria.» Todos los problemas económicos de un país encontrarán solución por sí mismos. «El remedio es la competencia.» Aquí se sitúa la segunda aportación de Constant a la teoría económica (en este tema es mucho más radical que Adam Smith): la prosperidad económica sólo es producto de la acción de los individuos, y debe prohibirse toda intervención del Estado. Su libro termina con esta conclusión general: «Para el pensamiento, para la educación, para la industria, el lema de los Gobiernos debe ser: *Dejar hacer y dejar pasar*».[9] Esta conclusión del razonamiento presupone no sólo que se crea que las conductas humanas están dirigidas por leyes inmutables, sino también que las conductas siguen una única dirección hacia el «progreso de la mente humana», retomando la expresión de Condorcet, que sin embargo era partidario de la acción voluntarista del Estado. La naturaleza es buena y nos lleva hacia el bien, a menos que la voluntad, ignorante o maligna, lo impida, postulaban ya los economistas del siglo XVIII, de Mandeville a Smith, adeptos de la teoría de la «mano invisible» que dirige el desarrollo de los asuntos humanos. Constant participa así de la mentalidad cientificista que apareció en su época, mentalidad que también está presente en Marx.

Los liberales presentan su doctrina como una sumisión a las leyes de la naturaleza, y en este sentido se parecen a los agustinianos, que esperaban todo de la gracia divina, con la diferencia de que no son pesimistas, como Agustín, sino que imaginan que la naturaleza es condescendiente y lleva insoslayablemente al progreso. Lo que rechazan son las acciones voluntarias, que pueden perturbar el buen avance de la naturaleza. Sin embargo, este razonamiento choca con una dificultad: la voluntad en sí es natural a los hombres. Partiendo de ahí, las dos categorías, naturaleza y voluntad, no se oponen. La voluntad de hacer proyectos no es menos espontánea que su ausencia, y por eso la economía no intervencionista no es más «natural» que la economía dirigida. Tener que *elegir* entre naturaleza y voluntad es ya una manera de optar por la voluntad. Si no, la sociedad iría por sí misma en la dirección deseada. La verdadera oposición se sitúa no entre ellas, sino entre la voluntad colectiva (estatal) y las voluntades individuales. Los liberales que abogan por suspender las intervenciones públicas en el ámbito económico no preconizan la pasividad de los individuos, sino todo lo contrario. Los que persiguen sus objetivos con más empeño son los más dignos de elogio. Sólo el Estado debe someterse a las leyes de la Providencia, o a las leyes inflexibles de la historia. A los individuos se les invita a dar muestras de iniciativa personal. A este respecto, la diferencia entre neoliberales y socialistas no es que unos sean voluntaristas y los otros no, sino que el voluntarismo, que comparten, es ante todo individual en un caso, y colectivo en el otro. Desde este punto de vista, el liberalismo es un pseudonaturalismo y un auténtico voluntarismo.

Mucho más que en Constant, el carácter casi religioso de la creencia en la victoria del bien aparece en un defensor extremo del pensamiento liberal que forma parte de la generación siguiente, el periodista Frédéric Bastiat, cuyas fórmulas, aunque mutiladas, han llamado la atención de los neoliberales actuales. Como los liberales anteriores, piensa, a la manera de Pelagio, no de Agustín, que el mundo creado por Dios no es malo y que además evoluciona espontáneamente en la dirección correcta. «Dios hace bien lo que hace», escribe en *La ley* (1850),[10] «la Providencia no se equivocó, dispuso las cosas de tal manera que los intereses [...] lleguen de forma natural a las combinaciones más armónicas» (*Justicia y fraternidad*, 1848). Su idea principal es «religiosa, porque nos dice que no sólo la mecánica celeste, sino también la mecánica social deriva de la sabiduría de Dios y narra su gloria» (*Armonías económicas*, 1850). Así, Bastiat traiciona el origen religioso de expresiones como «la mano invisible», de Adam Smith, o «el sentido de la historia», de Marx, que representan la laicización de la idea de una Providencia que lleva a los seres humanos por los caminos establecidos por Dios, incluso cuando no son conscientes de ello. El mundo avanza inexorablemente hacia el bien y no hay que contrariar ese avance.

Como Condorcet y Constant, que por lo demás habían colocado la historia en el lugar de Dios, también Bastiat aspira a fundamentar sus conclusiones en la ciencia. Cree diferenciarse así de sus contemporáneos socialistas, a los que acusa de perderse en fantasmagorías y vanas ensoñaciones (ellos creen exactamente lo contrario). Puede entonces formular esta frase paradójica: «Creo [...] con una fe científica y razonada» que «el mal lleva al bien y lo provoca», frase que recuerda al provocador subtítulo de la *Fábula de las abejas*, de Mandeville: «Vicios privados, beneficios públicos».

En 1848 la revuelta popular en Francia hace que la Asamblea nacional se pregunte por la utilidad de introducir en la ley, junto con la protección de las libertades civiles, la de la justicia social, y por lo tanto de garantizar trabajo o ayuda material a los necesitados. Bastiat, elegido diputado, se opone enérgicamente. Escribe que «las instituciones humanas no deben contrariar las leyes divinas». Si empezamos a organizar la caridad, habrá más inconvenientes que ventajas. Si se favorece demasiado la solidaridad entre todos, se corre el riesgo de debilitar la responsabilidad individual y matar la iniciativa. Pelagio recomendaba no contar demasiado con la gracia divina y apoyarse en el esfuerzo personal. Bastiat abunda en el mismo sentido, salvo que en él la protección social ocupa el lugar de la misericordia divina. Tanto para Bastiat como para Pelagio, creando al hombre libre y el mundo no del todo malo, Dios terminó su trabajo. A Bastiat no le preocupan los resultados futuros. En la sociedad, tal como él la describe, «todas las carreras estarían abiertas a todos, todos podrían ejercer sus facultades libremente [...] no habría ni privilegios, ni monopolios, ni restricciones de ningún tipo» (*Justicia y fraternidad*).

COMUNISMO Y NEOLIBERALISMO

Como he recordado, el comunismo pasa de proyecto a realidad en Rusia a partir de 1917. Este acontecimiento acelera a su vez a los pensadores liberales, que ven en las prácticas comunistas la materialización de sus peores temores: la sumisión total del individuo al Estado, y al mismo tiempo la reducción de la economía a la aplicación de un plan decidido previamente por un órgano central. A partir de este momento entramos en una nueva fase de la evolución del liberalismo, que justifica que hablemos de *neoliberalismo*. Ahora la doctrina se formula asumiendo la oposición con el mundo totalitario que está construyéndose. Los liberales, partiendo de determinados principios que defiende el pensa-

miento liberal clásico, aunque radicalizándolos y endure-
ciéndolos, elaboran sus ideas en el contexto que dio lugar a
la Revolución de octubre en Rusia y al ascenso del nazismo
en Alemania. En su libro *El socialismo* (1922), Ludwig von
Mises, el primer gran representante del neoliberalismo en el
siglo XX, prevé el fracaso que amenaza a la economía estatal
de la Rusia soviética. Ayn Rand, por poner el ejemplo de
otra propagandista neoliberal, creció en aquella Rusia comunista, que es responsable de la ruina financiera de su familia. Durante sus estudios se impregna del espíritu radical
que reina en su país, contra el que al mismo tiempo alimenta
un odio tenaz.[11]

Por poner otro ejemplo emblemático, también el manifiesto neoliberal de Friedrich A. Hayek, *Camino de servidumbre*,
que apareció en plena guerra (en 1944), se presenta ante
todo como una advertencia contra todo lo que pudiera parecerse a prácticas totalitarias, en primer lugar el enemigo
nazi, pero también –porque para Hayek es evidente que son
similares– el amigo socialista, la Unión Soviética. Hayek
condena la tendencia común de estos regímenes a dividir la
humanidad en amigos y enemigos, lo que les permite trasla-
dar la lógica de guerra a la política interior. Critica que se
reduzca la verdad, la justicia y la moral a configuraciones
básicamente históricas al servicio de los objetivos políticos
del momento y lamenta que se supriman las libertades individuales. Constata también la oposición entre las dos interpretaciones del sentido de la historia: en un caso lucha de
clases que culmina en la confrontación, y en el otro conver-
gencia armónica de los intereses.

El objeto de sus más duros ataques es la doctrina económica que adoptan estos regímenes, que para él representan
diferentes variantes del «socialismo». Define así la doctrina
a grandes rasgos: los socialistas piden que la propiedad privada sea abolida o muy limitada; que el Estado sea el único,
o al menos el principal, patrón del país; que la libre empresa,
la competencia y la economía de mercado sean sustituidas
por lo que Hayek llama la «planificación», una economía

totalmente estatal, unificada y jerarquizada, dirigida por algunos individuos que deciden de antemano la dirección que tomará la marcha del país. Al privar a sus ciudadanos de toda autonomía económica, el Estado totalitario los condena a la esclavitud política. Por lo tanto, Hayek se dedica a mostrar por qué esta opción económica conduciría inevitablemente al desastre, también en una democracia.

Esta crítica del totalitarismo es correcta y necesaria, pero si observamos los diferentes elementos de la doctrina neoliberal, no podemos evitar preguntarnos si la oposición entre estos dos modelos de gobierno es siempre tan radical como creen los que la formulan. «Cada una a su manera, la ideología comunista y la doctrina que se opone a ella son deudoras del mito prometeico», escribe Flahault en su estudio de este mito.[12] Y podríamos añadir que son deudoras también del legado de Pelagio.

Varios comentaristas han insistido ya en la curiosa concepción de la historia en la que se apoyan las doctrinas neoliberales. Como hemos visto en el caso de Bastiat, postulan que si los hombres no se dedicaran a entorpecer el curso natural de las cosas con sus proyectos y sus planes, todo iría mejor en el mejor de los mundos. Este curso natural consiste en no poner el menor obstáculo a la libre competencia, por lo tanto en que el Estado no intervenga lo más mínimo para corregir los posibles efectos indeseables. «Lo que en el pasado hizo posible que se desarrollara la civilización fue la sumisión del hombre a las fuerzas impersonales del mercado», escribe Hayek.[13] Es como si el mercado, cual Dios, no pudiera hacer nada mal. Desde este punto de vista, el neoliberalismo, que presenta sus objetivos como totalmente «naturales», no se opone realmente a la teoría comunista, cuyas «propuestas teóricas», como hemos visto, se supone que son «la expresión general de relaciones reales». Y como el hombre obedece las leyes de la naturaleza, basta con conocerlas para saber qué dirección tomar. Así, al «socialismo científico» de Marx y Engels se suma el liberalismo «científico». Ambos comparten las mismas premisas científicas.

Sin embargo, hemos visto que esta reivindicación de someterse totalmente a las fuerzas de la naturaleza no permite describir la ideología neoliberal en conjunto. La renuncia a las acciones voluntarias sólo atañe a los agentes colectivos. En cuanto a los individuos, los neoliberales no sólo no les recomiendan que obedezcan dócilmente al destino, sino que alaban su libertad y su iniciativa. Así, hacen que su programa de sumisión a la naturaleza sufra otra distorsión, que vuelve a acercarlos a los socialistas. La doctrina marxista combina la creencia en el sentido insoslayable de la historia, que es imprescindible conocer para someterse mejor a él, con la exigencia de intervención voluntarista, que permite acelerar la historia. Por su parte, los neoliberales toman distancias con el no intervencionismo del liberalismo clásico y defienden una forma de intervención estatal, a saber, la supresión sistemática de toda traba a la competencia. «La actitud de un liberal respecto de la sociedad es como la de un jardinero que cultiva una planta y que, para crear las condiciones más favorables a su crecimiento, debe conocer lo mejor posible su estructura y sus funciones», escribe Hayek recurriendo a una metáfora que no habrían desdeñado los dirigentes soviéticos. Es cierto que su objetivo es diferente: «crear deliberadamente un sistema en el que la competencia desempeñe el papel más beneficioso posible».[14] Esta combinación de fe ciega en las leyes de la naturaleza y de la historia con la convicción de que podemos alcanzar todos los objetivos que nos propongamos es característica del cientificismo, y común tanto a los comunistas como a los neoliberales. Como la ciencia puede conocerlo todo, la técnica puede hacerlo todo. Remodelar la sociedad es un problema técnico como cualquier otro.

En realidad, este tipo de decisión no es sorprendente. Como admite Hayek, «todo hombre que no es totalmente fatalista hace planes, y todo acto político es un acto de planificación».[15] Las reformas que a finales del siglo XX impusieron dirigentes políticos como Thatcher, Reagan y Pinochet en sus respectivos Estados están ahí para dar testimonio de esta actitud voluntarista. Lo mismo podría decirse de la famosa «terapia de choque» que se aplicó en los países de la Europa del Este después de la caída del muro de Berlín, y también de las intervenciones de los Estados occidentales durante la crisis económica de 2008-2009 para salvar los bancos privados. Ahora, mientras los beneficios siguen siendo individuales, los riesgos se socializan. Se trata de un «neoliberalismo de Estado», una contradicción que hace dudar de la coherencia interna del proyecto. Constant no había previsto que el Estado pudiera reforzar su influencia en la vida de los individuos y a la vez ponerse al servicio de algunos de ellos. Después de los atentados del 11 de septiembre de 2001, los Estados que habían adoptado esta ideología, como Estados Unidos y Gran Bretaña, acrecentaron su control sobre las libertades civiles, y a la vez dejaron plena libertad a agentes económicos individuales. A partir de este momento hemos entrado en el *ultraliberalismo*, tercera fase de la evolución de esta doctrina.

El neoliberalismo comparte también con el marxismo la convicción de que la vida social de los hombres depende básicamente de la economía. Ya no se trata sólo de aislar la economía de las demás actividades humanas, sino de atribuirle un papel dominante. Este dominio aparece en la doctrina marxista, aunque en los Estados comunistas apenas se produzca. El principio vuelve a aparecer en los teóricos del neoliberalismo, y en esta ocasión lo ponen en práctica. No es casualidad que la obra más importante del fundador de esta corriente de pensamiento, Ludwig von Mises, lleve por título *La acción humana*, y por subtítulo «Tratado de economía» (1949). Por su parte, Hayek está dispuesto a criticar el excesivo papel que se otorga a las necesidades y a las estructuras económicas en las economías planificadas: «Los seres inteligentes nunca se proponen objetivos fundamentalmente económicos». Sin embargo, es significativo que el único otro objetivo que identifique sea «el deseo de comodidades generales y de poder».[16] Y sobre todo que olvide incluso este mínimo añadido en cuanto se ocupa de los efectos de la pura economía de mercado: «Los bienes que mantienen el conjunto de una gran sociedad son exclusivamente económicos», escribe.[17]

LA TENTACIÓN INTEGRISTA

Hay otro rasgo del neoliberalismo que recuerda al discurso totalitario: el radicalismo, y el maniqueísmo que lo acompaña. Los seres humanos tienen necesidades tanto sociales como económicas, y una vida tanto individual como colectiva. Los dos puntos de vista se limitan y se completan mutuamente, pero los doctrinarios de ambos bandos lo pasan por alto. Para unos sólo es bueno el colectivismo, y para los otros, sólo el individualismo. Bajo el régimen comunista, la vida individual estaba totalmente sometida al control de la colectividad; en la vulgata neoliberal, toda influencia de la colectividad en los deseos individuales se asimila inmediatamente al gulag. La sociedad comunista suprimía las libertades individuales, pero decir que para los individuos «todo está permitido» tampoco garantiza su plenitud.

El poder comunista, que daba mayor importancia a las opciones políticas, ponía en cuestión la autonomía de la actividad económica (y el resultado era la penuria permanente). En el ultraliberalismo lo que se tambalea bajo las presiones procedentes de diversos frentes es la autonomía de lo político. En nuestros días, la globalización, otra característica de este nuevo periodo, hace que los agentes de la vida económica escapen fácilmente al control de los Gobiernos locales. A la primera traba, la empresa multinacional traslada sus fábricas a un país más cómodo. Hoy en día son los empresarios los que ponen en práctica el antiguo eslogan marxista, ya que imponen la unificación de los proletarios de todos los países...

A partir de ahí, la economía, que se ha convertido en global, ya no está sometida al control político de los Estados. Todo lo contrario. Son los Estados los que se han puesto al servicio de la economía. Los Estados son, en efecto, tributarios de las agencias privadas de calificación, que orientan sus decisiones y a la vez quedan al margen de todo control político. Lo único que les queda de democracia es el nombre, porque ya no es el pueblo el que detenta el poder. En última instancia pueden defender sus fronteras, pero el dinero no se detiene en ellas. Gracias a este mercado unificado, un individuo o un grupo de individuos que no gozan de la menor legitimidad política pueden, con un simple clic en el ordenador, transferir su capital a otro lugar o dejarlo en el país, y con ello sumirlo o no en el paro y en la recesión. Pueden provocar problemas sociales o ayudar a descartarlos. Por lo tanto, son individuos que poseen un enorme poder y que no tienen que rendir cuentas a nadie.

Dentro de cada país, la ideología ultraliberal no deja mucho más espacio a la actividad política. En este caso, el lema universal es: fuera del mercado no hay salvación posible. Dando la espalda a los equilibrios que Adam Smith y sus contemporáneos daban por descontados, intentan impedir la menor intervención del Estado que pudiera «desviar la libre competencia». Incluso ven en ello la causa de la crisis financiera que empezó en 2007. Al hacerlo, pasan por alto las recientes transformaciones de la economía y olvidan que todos los «productos» no son iguales. Nunca ponen en cuestión la lógica del consumo, el «cada vez más». Según la nueva vulgata, el Estado sólo debe intervenir para favorecer el libre funcionamiento de la competencia, engrasar los engranajes de un reloj natural (el mercado), allanar los conflictos sociales y mantener el orden público. Su papel consistiría no en limitar, sino en facilitar el poder económico.

Los dirigentes políticos de los países democráticos no son menos insensibles que los demás a la atracción del dinero, pero hoy en día, con la tranquilidad que les proporciona la ideología ultraliberal, están todavía más dispuestos a ponerse al servicio de los poderes monetarios, como evidencian diversos episodios por todos conocidos (en Francia, varias reformas fiscales, el caso Woerth-Bettencourt, etc.).

En esta ocasión el resultado es, por una parte, que se forman oligarquías político-económicas, y por la otra, que se descarta a los perdedores, auténticos despojos del sistema, condenados a la pobreza y al desprecio. Como son responsables de su desgracia, para socorrerlos no debemos recurrir ni al Estado ni a la solidaridad colectiva. El culto a los superhombres se adapta perfectamente a la lógica ultraliberal.

En cierto sentido, este cambio es más fundamental todavía que el que impuso la Revolución francesa, que se limitaba a sustituir la soberanía del monarca por la del pueblo. El ultraliberalismo coloca la soberanía de las fuerzas económicas, encarnadas en la voluntad de los individuos, por encima de la soberanía política, sea del tipo que sea. Al hacerlo, contradice –paradójicamente– el principio fundador del pensamiento liberal, que es que un poder limite a otro. El liberalismo clásico se fundamenta en la heterogeneidad del cuerpo social. Como el interés común no siempre coincide con los intereses particulares, pretende limitar la acción de la voluntad general defendiendo las libertades individuales, y viceversa. Su nuevo avatar quiere impedir que la voluntad general limite la acción de los individuos, y como no admite la existencia de un interés común, reduce la sociedad a la suma de las personas que la componen. Aquí se tambalean los fundamentos de la democracia. Condenamos con razón los regímenes políticos en los que toda vida social está sometida a la tutela ideológica religiosa, como las teocracias, o doctrinal, como los totalitarismos, pero no parece que veamos el menor inconveniente en una situación en la que el principio del mercado ilimitado impone su reino exclusivo. Como escribe el analista estadounidense Benjamin Barber, «cuando se trata de los mercados, que lo dominan todo, de la publicidad omnipresente y del consumo, que siempre comporta una *sharia* secular, llamamos a esta situación libertad».[18]

Frente al poder económico desmesurado que detentan los individuos o los grupos de individuos que disponen de inmensos capitales, el poder político suele resultar demasiado débil. En Estados Unidos, en nombre de la ilimitada libertad de expresión, el Tribunal Supremo autorizó que las empresas financiaran a los candidatos a las elecciones, lo que significa que los que disponen de más dinero pueden imponer a los candidatos que prefieren. El presidente del país, sin duda uno de los hombres más poderosos del mundo, tuvo que renunciar a reformar equitativamente la seguridad médica, a reglamentar la actividad de los bancos, a reducir los daños ecológicos que provoca el modo de vida de sus conciudadanos... Pero el enfermo que no tiene medios para curarse no es libre, y tampoco el que se queda en la calle porque no puede pagar la hipoteca. Llegamos a la siguiente paradoja: la libertad de los individuos, en nombre de la cual se rechaza toda intervención del Estado, se ve entorpecida por la libertad sin restricciones que se concede al mercado y a las empresas.

El ultraliberalismo justifica su demanda de libertad ilimitada para emprender, comerciar y gestionar sus capitales no defendiendo el derecho al egoísmo, sino afirmando que esta libertad es el medio más eficaz para que se enriquezca toda la sociedad. Se opone a toda medida de regulación por parte de los poderes públicos porque, según sus partidarios, empobrecerá a toda la población. ¿Confirma la experiencia esta teoría? Flahault nos invita a pensar en dos ejemplos. El primero, la trata de negros entre los siglos XVI y XIX, que se ajusta a las exigencias de eficacia económica. «Comerciantes europeos llevaban a África mercancías que intercambiaban por otras. Los navíos europeos las transportaban al otro lado del Atlántico, donde las vendían con grandes beneficios. Estas mercancías se utilizaban entonces para producir azúcar, destinado a venderse en Europa, donde había una gran demanda. Gracias a esta división internacional del trabajo, fruto del libre juego de la oferta y la demanda, los comerciantes africanos, los productores de las Antillas y de América, los financieros, los armadores y los consumidores europeos salían ganando».[19]

Sin embargo, ante este ejemplo, no nos atreveríamos a decir, como Milton Friedman, reciente emulador de Bastiat, que el sistema ultraliberal «proporciona la armonía y la paz al mundo». Si este tráfico se interrumpió un día no fue por la libertad de la que gozaban los agentes de la trata, sino gracias a la intervención, por motivos morales y políticos, de otros agentes de la vida social, y por último de los propios Estados, por lo tanto de la voluntad general. La prohibición de la trata garantizó la libertad de los esclavos, y la ausencia de leyes que la impidieran garantizaba la de los comerciantes, que eran también mucho más poderosos que los esclavos.

El segundo ejemplo tiene que ver con la ecología. Es poco verosímil que, sin impedimentos por parte del Estado, los agentes del mercado antepongan a sus intereses inmediatos la preocupación por proteger el medio ambiente, sobre todo teniendo en cuenta que a menudo se trata del medio ambiente de un país lejano o en un futuro incierto. Disponemos más bien de ejemplos de lo contrario, incluso cuando se trata del presente y del país del empresario. No sólo no hace nada espontáneamente por proteger el medio ambiente, sino que suele utilizar su poder y parte de sus ganancias para eliminar toda traba a su actividad. Por ejemplo, en 2006, en la provincia petrolífera de Alberta (Canadá), un médico se alarma al ver que la tasa de cánceres aumenta un treinta por ciento. «En mala hora lo dijo. La sanidad canadiense, la administración federal, lo persigue por su "actitud poco profesional", que provoca "una inquietud injustificada".»[20] Cabe preguntarse si no intervino la compañía petrolífera...

En abril de 2010 explota una plataforma de la compañía BP en el golfo de México, que causa la mayor marea negra de la historia de Estados Unidos. En esta ocasión descubrimos que la comisión gubernamental que concede los permisos de perforación y controla las compañías petrolíferas está formada básicamente por antiguos empleados de las propias compañías. Lo mínimo que podemos decir es que la libertad ilimitada de los agentes económicos no garantiza la protección del medio ambiente, que es un bien común. Si no se las controla, las compañías petrolíferas optan por materiales de construcción baratos, y por lo tanto poco fiables. No hay que sorprenderse. Las empresas no son individuos con conciencia, de modo que no sienten el menor remordimiento por buscar exclusivamente los beneficios. Sólo una instancia ajena a la lógica económica puede limitar este apetito.

El parentesco secreto entre comunismo y neoliberalismo permite entender mejor la impresionante facilidad con la que, tras la caída del muro, la nueva ideología ocupó el lugar de la antigua en los países de la Europa del Este. El interés colectivo era sospechoso. Para esconder sus infamias, el régimen anterior lo había invocado tan a menudo que ya nadie lo tomaba en serio. Sólo veían en él una máscara hipócrita. Si en el fondo el único motor del comportamiento es la búsqueda de beneficios y la sed de poder, si la lucha despiadada por la supervivencia del más apto es la verdadera (y dura) ley de la vida, mejor dejar de fingir y asumir abiertamente la «ley de la selva». Así, los antiguos *apparatchiks* comunistas pudieron vestirse rápidamente con la ropa del ultraliberalismo.

Al exigir la adhesión ciega a estos postulados, que presentan como verdades científicas, no como opciones voluntarias de determinados valores en detrimento de otros, el ultraliberalismo se convierte también en una religión secular, a veces además difundida con estrategias de promoción que recuerdan a las que utilizaron los comunistas. La presencia de estos rasgos comunes sin duda no basta para convertir el ultraliberalismo en totalitarismo, ni siquiera *soft*, pero sugiere que ambos no se oponen tan radicalmente como afirman los defensores de ambas doctrinas. El ultraliberalismo es no sólo un enemigo del totalitarismo, sino también su hermano, al menos en determinados aspectos, una imagen inversa, y sin embargo simétrica. Su proyecto nos hace pasar de un extremo al otro, del «todo Estado» totalitario al «todo individuo» ultraliberal, de un régimen liberticida a otro *sociocida*, por así decirlo.

LOS PUNTOS CIEGOS DEL NEOLIBERALISMO

Los neoliberales han heredado otra característica de los pensadores revolucionarios: reivindican valores abstractos que resultan atractivos a todo el mundo, en este caso la libertad. Observando la tendencia revolucionaria a reivindicar valores generales, Edmund Burke, en la época de la Revolución francesa (en 1790), expresa sus reservas respecto de la libertad, que también él reivindica, pero escribe: «No podría asumir la alabanza o la censura de nada que tenga que ver con acciones o asuntos humanos observando sólo la cosa en sí, desprovista de toda relación con lo que la rodea, en la desnudez y el aislamiento de una abstracción metafísica». La política no es tanto una cuestión de principios como de su aplicación. En una sociedad concreta, la libertad no es el único valor digno de defenderse, ya que interactúa con fuerzas diversas y compite con otras exigencias. Además, y esto es lo fundamental, «cuando los hombres actúan de forma corporativa, la libertad se convierte en *poder*. Por eso las personas reflexivas sólo se pronunciarán cuando hayan podido constatar qué uso se hará de ese *poder*».[21] Por su parte, el poder debe ser juzgado por el uso que se hace de él, no en abstracto. Ni Constant ni Bastiat se plantean jamás esta otra cara de la libertad. Si nada limita mi acción, adquiero un poder cada vez mayor que, quiera o no, ejerzo en detrimento de los individuos que me rodean. Así, olvidan la regla de oro que formuló Montesquieu para los gobernantes que quisieran ser moderados: «Ningún poder sin límites podría ser legítimo».[22]

Cuando Bastiat afirma que en su país toda persona podría acceder a cualquier carrera, que todos podrían siempre ejercer sus facultades libremente, imagina a hombres abstractos, sin origen, medio familiar y relaciones sociales, hombres que no han existido nunca. No son sólo los socialistas de su tiempo los que se oponen a esta «abstracción metafísica» y proponen abandonar la petición de principio para acudir en ayuda de los pobres, sino también los militantes cristianos, sensibles a la miseria económica de sus contemporáneos. El cura dominico Henri Dominique Lacordaire presenta en esta misma época sus *Conférences de Notre-Dame*, que tienen gran éxito. En la conferencia 52, que data de 1848, aborda en estos términos la cuestión de las libertades formales y las libertades reales: «Preguntad al obrero si es libre de marcharse del trabajo la madrugada del día en que debería descansar [...] Preguntad a esos seres marchitos que pueblan las ciudades industriales si son libres de salvar su alma aliviando su cuerpo. Preguntad a la multitud de víctimas de la avaricia personal y de la avaricia de un patrón si son libres de ser mejores». Y concluye con esta frase, que se hizo famosa: «Entre el fuerte y el débil, entre el rico y el pobre, entre el amo y el criado, la libertad es lo que oprime, y la ley lo que libera».²³ La libertad que reclaman para sí mismos los ricos y los fuertes es una manera de aumentar su poder en la sociedad. Por lo tanto, como quería también Agustín, es preciso poner límite a la voluntad humana, aunque Lacordaire, pese a ser cura, la encuentra no en la voluntad de Dios, sino en la justicia social de las leyes humanas. Aquí se cumple el deseo de Burke de contextualizar la exigencia de libertad.

Otra abstracción abusiva consiste en imaginar a los seres humanos como a individuos egoístas que sólo se mueven por intereses materiales (que para la ocasión llaman «racionales»). Pero ¿puede derivar el bienestar sólo de la satisfacción de los deseos de bienes materiales y de poder? Es como si los partidarios del neoliberalismo pasaran sin darse cuenta de la idea de que «la competencia es beneficiosa para la economía» al principio de que «lo que es bueno para la economía basta para que los seres humanos sean felices». Al hacerlo, ocultan una parte inmensa de la vida humana, la que podríamos llamar «vida social». Ahora bien, evidentemente es imposible postular una «naturaleza humana» asocial, o un individuo reducido a las meras necesidades vitales, como un animal inferior.

En la base del pensamiento neoliberal encontramos una antropología problemática, que presenta al hombre como un ser autosuficiente, básicamente solitario y que sólo de forma puntual necesita a otros seres a su alrededor, cosa que contradice lo que la psicología, la sociología y la historia, por no hablar sencillamente del sentido común, nos enseñan sobre la identidad humana y que sabían bien los liberales clásicos, Locke, Montesquieu, Adam Smith y Benjamin Constant, a los que no se les escapaba que lo interhumano fundamenta lo humano. En este punto concreto, el humanismo, la gran tradición intelectual europea, que insiste en la naturaleza totalmente social de los hombres, se opone al individualismo. La relación entre los hombres es previa a la construcción del yo, y el ser humano no puede darse sin el reconocimiento que encuentra en la mirada de los que lo rodean. Impone pues a la autonomía de todos ellos restricciones procedentes de nuestra vida, necesariamente común. El individuo no es sólo la fuente de acción, sino que debe ser también el objetivo. La exigencia de universalidad limita a su vez el ejercicio de la libertad. Los principios de igualdad y de fraternidad no son menos fundadores de la democracia que el de la libertad. Si los olvidamos, la aspiración a garantizar a todos la libertad está condenada al fracaso.

No todos los deseos humanos proceden de las necesidades económicas, y tampoco la sociedad se reduce a una simple colección de individuos autosuficientes. Hayek descarta como abstracciones vacías de sentido expresiones como «bien común», «interés general» o «justicia social», pero ¿hay algo más abstracto que los individuos a los que él alude, desprovistos tanto de toda dimensión histórica como de toda filiación social? La persona no existe de forma aislada. Está formada tanto por encuentros e intercambios pasados, herencias y préstamos, como por sus interacciones y dependencias presentes. La sociedad que imaginan los neoliberales parece un club de miembros voluntarios que perfectamente podrían decidir cancelar su abono, porque son autosuficientes. Suprimen la referencia a una filiación social y cultural, pasan por alto la necesidad de reconocimiento por parte de las personas con las que vivimos y descartan la búsqueda del bien colectivo por miedo a que lleven al totalitarismo. El elogio ilimitado de la libertad individual acaba creando un ser meramente imaginario, como si el fin último de la existencia fuera liberarse, como un Robinson en su isla salvaje, de todo vínculo y de toda dependencia, no estar atrapado en la densa red de relaciones sociales, de amistad y de amor.[24] Al renunciar a poner freno a la acción de los individuos, los neoliberales se adentran sin reservas en el camino que en su momento trazó Pelagio.

Pese a la imagen del hombre en la que se fundamenta la doctrina neoliberal, éste no es producto de su voluntad, sino que se constituye, siempre y exclusivamente, a partir del medio familiar y social en el que nace. El ejemplo más claro de esta realidad es el de la lengua, previa a todo individuo. Ahora bien, si no estuviera inmerso desde sus primeros balbuceos en un entorno de palabras, estaría condenado a una condición casi animal. Antes de poder actuar sobre el tejido social en el que vivimos, todos nosotros nos hemos formado en él. Por supuesto, la acción de ese tejido no se limita a la lengua. Se añade el conjunto de reglas y normas que nos permiten constituirnos como miembros de un grupo. «La ley hace de todos nosotros sujetos de derecho», escribe el jurista Alain Supiot. «Para ser libre, el sujeto debe de entrada relacionarse mediante palabras que lo vinculan a otros hombres.»[25] Lacordaire lo vio claro cuando dio prioridad a la ley respecto de la libertad: olvidar la ley deja el campo libre al poder arbitrario.

LIBERTAD Y APEGO

Un debate ya antiguo opuso dos concepciones sobre el lugar que ocupa el apego que sienten los seres humanos entre sí. Según la doctrina cristiana, tal como la interpreta Pascal, «todo lo que nos incita a apegarnos a las criaturas es malo, porque nos impide servir a Dios, si sabemos quién es, o buscarlo, si no lo sabemos». El propio Pascal, por lo que decía su hermana, era tierno y cariñoso con sus seres queridos, pero huía del apego, tanto de sentirlo como de provocarlo, incluso se lo reprochaba amablemente a su hermana, que en este punto era menos perfecta que él y se dejaba llevar por sentimientos humanos, demasiado humanos para él. «Es injusto sentir apego, aunque sea un sentimiento placentero y voluntario. Defraudaré a los que sientan este deseo por mí, porque no soy el fin de nadie y no puedo satisfacerlos.»[26]

Según la doctrina humanista, que encarna Rousseau, el hombre es un fin legítimo del hombre, y el apego no sólo no es una actitud lamentable, sino que es inherente a la condición humana. Rousseau escribe que «todo apego es signo de insuficiencia. Si cada uno de nosotros no necesitara lo más mínimo a los demás, no pensaría en unirse a ellos». Pero somos así. Nacemos insuficientes, morimos insuficientes y siempre nos mueve la necesidad de los demás, porque buscamos lo que nos falta. Como el ser humano accede a la vida con una insuficiencia congénita, necesita a los demás, necesita ser considerado y «necesita apegarse emocionalmente».[27] Ahora bien, todo vínculo limita la libertad.

Pero esta valorización del apego en un mundo que ya no cuenta con mantener una relación privilegiada con Dios no significa que haya que aceptar de forma pasiva, incluso santificar, todos los vínculos que se le imponen al individuo desde su infancia, que sea obligatoria la solidaridad con la familia, el clan, la etnia, la raza, etc. Ya decía Montaigne que las relaciones más valiosas son las que dependen «de nuestra elección y nuestra libertad voluntaria».[28] Pero ¿cómo se ha podido imaginar que el ideal de una vida plena sea la «independencia» total, es decir, la ausencia de toda obligación y de todo apego, no sólo respecto a Dios, sino también respecto a los hombres? Por eso la libertad ilimitada no podría ser un ideal de la existencia humana, como tampoco es su punto de partida.

Benjamin Constant afirmaba en un texto político: «La independencia individual es la primera necesidad moderna».

Y en su novela *Adolphe*, el protagonista constataba: «¡Cuánto echaba de menos aquella dependencia que a menudo me había sublevado! [...] Era libre, sí, ya no me amaban. Era extraño para todo el mundo».[29] Esta contradicción, o al menos esta tensión, atraviesa toda su obra. Mientras que sus textos políticos y críticos defienden apasionadamente la idea del individuo autónomo, su antropología, que encontramos en sus obras de ficción, sus escritos íntimos y su gran obra sobre la religión, muestra otra idea del ser humano. Nace en la sociedad, que por lo tanto lo precede: «El desarrollo de la inteligencia es sólo producto de la sociedad». Su identidad es básicamente relacional, porque el hombre siempre «necesita apegos» y «en la vida todo depende de la reciprocidad».[30] Y si hubiera que buscar un ideal al que tiende la vida privada, sería mucho más el amor que la libertad. Como escribe Constant en una carta a una amiga: «Una palabra, una mirada y un apretón de manos siempre me han parecido preferibles tanto a toda la razón como a todos los tronos de la tierra».[31]

5
Los efectos del neoliberalismo

¿ES CULPA DE LA CIENCIA?

Quisiera ahora pasar revista rápidamente a algunos aspectos inquietantes de la vida contemporánea de las democracias. Aunque dichos aspectos no proceden directamente de la ideología neoliberal, adquieren una importancia nueva en el marco que impone esta doctrina. Los hechos en sí son conocidos, de modo que lo que nos ocupará aquí será su sentido general.

Un ejemplo inesperado de los peligros que crea la lógica neoliberal fue el accidente que sufrió la central nuclear japonesa de Fukushima en marzo de 2011. A primera vista, esta catástrofe, como otras anteriores, era un ejemplo de los riesgos que comporta la actitud pelagiana, que adoptó gran parte de la humanidad desde la época de la Ilustración. Resulta demasiado tentador apoyarse en los descubrimientos de la ciencia en el mundo material para pedirle que nos ayude a que se cumplan todos nuestros deseos. Se suponía que los avances de la mentalidad científica que explotaba la sociedad industrial nos traerían prosperidad y comodidad a todos. Esta aspiración participaba así de la *hybris*, o desmesura, y se asemejaba al mesianismo político, que en esa misma época quería llevar a los pueblos lejanos las supuestas ventajas de la civilización europea. Pero tras la euforia del siglo xix hubo que rendirse ante la evidencia de que los avances tecnológicos no siempre ofrecen ventajas, incluso que son fuente de nuevas amenazas.

El dominio de la fisión del átomo es el ejemplo más claro de esta desviación que acecha a la humanidad. Los físicos que en el periodo entre las dos guerras mundiales habían contribuido a descubrir los secretos de la materia se vieron enfrentados a un gran dilema moral cuando, en 1945, los efectos de su descubrimiento permitieron que una sola bomba atómica aniquilara en segundos varios centenares de miles de vidas humanas. Con semejante resultado, ¿podíamos alegrarnos de los avances de la ciencia o creer que siempre contribuyen al progreso de la humanidad? La situación se agravó todavía más cuando las catástrofes fueron consecuencia ya no de una explosión provocada deliberadamente, sino de una iniciativa pacífica, que supuestamente debía servir al bienestar común: las centrales nucleares civiles. Los accidentes de Three Mile Island, en 1979, de Chernóbil, en 1986, y de Fukushima, en 2011, mostraron que la explotación pacífica del átomo acarrea riesgos que es imposible prever y controlar.

Sabemos cuáles han sido los resultados inmediatos de este último accidente: cientos de kilómetros cuadrados de este superpoblado país han quedado inhabitables, y el mar y su fauna, contaminados, por no hablar de las personas que trabajaban o vivían en esa zona. Y si el viento hubiera soplado en otra dirección y las corrientes oceánicas hubieran avanzado en otro sentido, los resultados habrían sido mucho peores. Las consecuencias indirectas de la catástrofe son incalculables, desde el cambio de los hábitos alimentarios en Japón (los alimentos naturales, como el pescado y las verduras, se han convertido en las principales fuentes de peligro) hasta el cambio de la política energética de otros países, como Alemania, que ha decidido cerrar sus centrales nucleares. Pero esto no acaba con el debate, porque debe sustituirlas por otros tipos de centrales, que pueden ser más contaminantes y degradar un poco más el clima del planeta.

Evidentemente, la explotación de la energía nuclear no es el primer ejemplo de mejora técnica cuya utilización comporta riesgos antes desconocidos. Al fin y al cabo, cuando los hombres se subieron a un barco para atravesar el mar, asumieron el riesgo de ahogarse si el barco se hundía. Y lo mismo sucede con todos los que en la actualidad no dudan en viajar en avión. Está claro que la técnica puede fallar, y en ese caso las posibilidades de sobrevivir son nulas. Pero en la época anterior sólo asumían riesgos para ellos mismos. Lo grave de las centrales nucleares (y de las bombas que llevan el mismo nombre) es que desencadenan un proceso que es imposible detener. La radiactividad liberada durará veinticuatro mil años, que es como decir para siempre. Así, los riesgos que yo asumo hoy afectarán a ochocientas generaciones posteriores. Y afectan también, como hemos visto en el caso de Chernóbil, a los habitantes de países que han decidido no explotar la energía nuclear.

Otra fuente de energía de la que se habla cada vez más a menudo ofrece el caso análogo de un mal que procede de un bien deliberadamente elegido: el gas de esquisto, que se encuentra en las profundidades de la tierra y que podemos sacar a la superficie provocando explosiones subterráneas. En los lugares en los que han empezado a explotarlo, los habitantes se quejan de que ya no pueden beber agua del grifo, porque las capas freáticas se han contaminado. Como los desechos se almacenan en la superficie, también el aire y la tierra pueden convertirse en una fuente de peligro. En la actualidad los hombres disponen de tanto poder, que los elementos que parecía que teníamos asegurados para siempre –el agua, el aire y la tierra– resultan ser vulnerables, por no hablar de los efectos indirectos, como la caída del precio de las viviendas situadas en las zonas contaminadas, viviendas en las que se invirtieron los ahorros de toda una vida, incluso de varias generaciones.

Son muchísimos los ámbitos en los que las innovaciones tecnológicas son prometedoras y amenazantes a la vez. Interviniendo en la estructura de las plantas, y ya no, como desde el neolítico, en su medio ambiente o en su selección, se obtienen los OGM, los organismos genéticamente modificados, que permiten mejorar las cosechas y librarse de los molestos insectos. Pero al alterar de este modo el equilibrio de las especies, resultado de adaptaciones de miles de años, corremos el riesgo de provocar nuevas catástrofes. Gracias a la manipulación genética de los embriones humanos se abren perspectivas tentadoras y a la vez terroríficas, que harán algún día posible elegir el sexo de los hijos y el nivel de inteligencia que se desea. Las nanotecnologías facilitarán la producción de hombres y mujeres biónicos, con capacidades inéditas. ¿Estamos seguros de que es un bien? Hay instrumentos externos al organismo humano que también actúan sobre él. Al parecer, los teléfonos móviles podrían provocar tumores cerebrales, y sin duda la interacción prolongada con los ordenadores influye en el comportamiento social de los que los utilizan...

Estos cambios en general ya han suscitados fuertes reacciones. Podríamos decir que la importancia que han adquirido los temas ecológicos en el debate público tiene que ver directamente con ellos. Vuelve a ser de actualidad la figura del aprendiz de brujo que desata las fuerzas incontrolables, del doctor Frankenstein, cuya criatura escapa a su creador, y, en las películas de ciencia-ficción, de robots que se rebelan contra sus amos. En los años ochenta del siglo XX, el sociólogo alemán Ulrich Beck sugirió que las sociedades occidentales habían dejado atrás la «primera modernidad», en la que esperaban que la ciencia y la técnica contribuyeran a la prosperidad y al progreso, y habían entrado en una «segunda modernidad» o una «sociedad del riesgo», en la que se considera que estas mismas actividades son fuentes de peligro. Lo que debería ayudar a los hombres se convierte en su peor enemigo. Antes el mal procedía de la naturaleza. La voluntad humana, apoyada en la ciencia, era fuente de salvación. Pero hoy sucede lo contrario. Se considera que la ciencia es un riesgo, y lo que ofrece esperanzas es la naturaleza. ¿Tenemos que llegar a la conclusión de que hemos recorrido una circunferencia completa, y que de nuevo Pelagio debe dar paso a Agustín, salvo que en el lugar de la voluntad ya no está la gracia, sino la naturaleza?

Sin embargo, no podemos considerar responsable de catástrofes como la de Fukushima, o de las demás desviaciones, a la voluntad humana en general, que intenta responder de la mejor manera posible a las necesidades humanas, ni tampoco a los avances de la ciencia. Cuestiones más concretas han desempeñado aquí un papel determinante. El accidente de Fukushima se produjo a consecuencia de un temblor de tierra y del tsunami que provocó. Pero habían construido la central en un lugar determinado –a orillas del mar, en una zona muy sísmica, cerca de grandes ciudades– porque les resultaba más cómodo y, a fin de cuentas, porque era la solución más rentable para los que explotaban la central. La explosión fue consecuencia no de una catástrofe natural (la naturaleza no conoce el concepto de catástrofe), sino de una serie de decisiones humanas. En definitiva, es resultado de la colusión entre agentes privados y burócratas gubernamentales. Extraer el gas de esquisto proporciona grandes ganancias a los que se dedican a ello. Prefieren comprar a los responsables políticos e indemnizar a los habitantes que pensar en los efectos a largo plazo que puede provocar su actividad. Lo mismo sucede con los demás abusos tecnológicos. No es la aspiración al conocimiento, sino el deseo de enriquecerse lo que motiva el uso inmediato y sin moderación de las nuevas tecnologías, sin preocuparse de las consecuencias que pueden tener en los demás seres humanos, de ahora o del futuro. Y no es sólo la avaricia la que hace actuar así. A los responsables de esta decisión también les ciega el vértigo del poder, el orgullo de manejar ese poder y de decidir el futuro de una población numerosa.

Para luchar contra los efectos nefastos de estas prácticas es indispensable el conocimiento científico, que tiene que mostrar cuáles son las temibles consecuencias del calentamiento climático y cuáles son sus causas. También le corresponde descubrir los efectos de los OGM, tanto los deseables como los no deseados. No sustituiremos la ciencia por la naturaleza, sino una mala ciencia por otra mejor. La primera no se preocupa del impacto de sus descubrimientos más allá del aquí y del ahora; la segunda tiene en cuenta la duración del tiempo y la extensión del espacio, a las generaciones futuras y a los vecinos. La catástrofe de Fukushima y otras similares no se deben a la aspiración humana a vivir mejor, ni a la de conocer los secretos de la materia, sino a la lógica neoliberal que contempla la humanidad como una masa indiferenciada de individuos, que quedan reducidos a sus intereses económicos.

No corresponde a la naturaleza, sino a la voluntad común, protegernos contra las desviaciones de las voluntades individuales. Así como la pesadilla totalitaria no compromete la acción colectiva, tampoco la bomba de Hiroshima y la explosión de Fukushima convierten en sospechosa la labor del conocimiento. Nos obligan a intentar ampliar su marco, lo que puede entenderse también en sentido literal: el poder tecnológico humano es tal que sus efectos no se detienen en la frontera de un pequeño país, sino que actúan a escala continental. Un accidente en una central nuclear francesa afecta directamente a la población alemana, y el calentamiento climático que puede provocar la industria alemana tiene consecuencias para los habitantes franceses. La nube de Chernóbil cruzó sin impedimentos todas las fronteras europeas. La voluntad colectiva que orienta las decisiones del futuro también debe situarse a escala continental.

RETROCESO DE LA LEY

Olvidar la dimensión social, constitutiva de todos los seres humanos, no es sólo un error intelectual. Existe el peligro real de que, sobre la base de esta imagen mutilada de lo que fundamenta nuestra humanidad, llevemos a cabo una política cuyos efectos serían también mutiladores. Observemos algunos ejemplos.

La tradición occidental diferencia dos grandes tipos de vínculos sociales, que generan relaciones de obligación en función de si se rigen por una *ley* o por un *contrato*. En todos los casos identificamos tres instancias: en primer lugar un *yo* y un *tú*, dos interlocutores que interactúan, como el vendedor y el comprador, el amo y el esclavo o el profesor y el alumno, y a continuación un *ellos*, el tercero imperso-nal, que garantiza la validez de los compromisos adquiridos. Pero este tercero no desempeña el mismo papel en los dos casos. Como recuerda Supiot, entendemos por ley «los tex-tos y las palabras que se imponen a nosotros independien-temente de nuestra voluntad», mientras que el contrato se refiere a «los que proceden de un libre acuerdo con otro».[1] En el caso de la ley, el tercero determina el propio contenido de la obligación, es decir, lo que está prohibido, o permitido, o es impuesto, y también la necesidad de someterse a ello. En el caso del contrato, las partes contratantes liquidan libre-mente el contenido, mientras que el tercero se limita a avalar la validez de los contratos. Si no se mantiene la palabra, se cae bajo el peso de la ley. La ley refleja la voluntad del pueblo, y el contrato se apoya en la libertad de los individuos.

Esta diferenciación consagra el hecho de que determina-dos valores y normas no proceden de la negociación entre individuos, porque se decidieron anteriormente, antes inclu-so de que nacieran, y al margen de su voluntad, lo que a su vez nos recuerda que la sociedad no se reduce a la suma de los individuos que la forman, como da a entender la frase a menudo citada de la antigua primera ministra británica, la ultraliberal Margaret Thatcher: «La sociedad no existe». Por esta razón, disponemos no sólo de derechos que proce-den de nuestra pertenencia al género humano –los llamados derechos humanos–, sino también (y sobre todo) de dere-chos y deberes derivados de nuestra pertenencia a una socie-dad concreta.

En las sociedades premodernas, el papel de garante de toda obligación lo desempeñan las tradiciones, en algún ca-so un dios o varios. En buena parte de las sociedades huma-nas se ha producido un gran cambio: ahora este papel se confía a la sociedad (o al «pueblo»), que decide soberana-mente el orden que la gobierna. En la práctica, este papel corresponde al Estado. La confianza que concedemos al Es-tado (por ejemplo, al valor de la moneda o a la posibilidad de apelar a la ley) no es más racional que la creencia en Dios. Nos la impone la necesidad. Para que la sociedad funcione, todos deben creer que alguien garantiza las reglas con las que vivimos. Si el tercer garante desapareciera, volveríamos al reino animal, a lo que erróneamente llamamos la «ley de la selva», estado en el que sólo cuenta la fuerza. El régimen totalitario es el que más se acerca a él, porque el jefe del Estado no se siente obligado ni por las leyes ni por sus propias promesas, y sólo cuenta su voluntad en cada momento. Si definimos la barbarie como el rechazo a considerar que los demás son seres humanos como nosotros, podemos ver en este mundo regido sólo por el poder una encarnación bastante perfecta de la barbarie.

En toda sociedad se dan estos dos tipos de relaciones, regidas o por la ley impersonal, o por el contrato entre particulares, pero no en todas partes aparecen en las mismas proporciones. En las sociedades tradicionales, el ámbito de la ley es mucho más restringido. Las dimensiones del grupo son limitadas, todo el mundo se conoce y se negocia conjuntamente la solución del conflicto. La sangre tiene un precio. En caso de asesinato, no se reclama a la justicia, sino que se obtiene en compensación dos vacas o diez ovejas... Evidentemente, esta negociación no es posible en los Estados modernos, que son sociedades grandes y complejas. Así como la moneda común e impersonal sustituye el trueque entre vecinos, la ley abstracta desempeña el papel que asumían los acuerdos entre habitantes del mismo pueblo.

Este contraste entre sociedades no ha desaparecido del mundo contemporáneo. En mi adolescencia, en Bulgaria, me enfadaba constantemente por la incertidumbre que rodeaba la aplicación de la ley. En parte por tradición «oriental», en parte para escapar de los rigores del Estado totalitario, los búlgaros parecían tentados por la perpetua negociación, y nunca sabíamos a qué atenernos. El funcionario arisco podía sonreír si se le hacía llegar un sobrecito. Podían salvarse los obstáculos administrativos si se tenía un familiar, o un amigo de un amigo, que dijera algo a la persona adecuada. Todo esto era agotador y frustrante. Me sentí muy aliviado cuando me fui a vivir a Francia, donde la vida avanzaba en función de reglas fijas y que todos conocían. Es cierto que, en contrapartida, las relaciones humanas eran más distantes y frías, pero me conformaba. Sin embargo, unos años después descubrí que la diferencia no era tan grande como había creído. En el simbólico momento en que solicité la nacionalidad francesa, recibí la visita de dos desconocidos que me explicaron que trabajaban en la comisaría de policía y que me propusieron acelerar mi solicitud a cambio de una remuneración... Así que las costumbres búlgaras no eran desconocidas en Francia, con la salvedad de que estas prácticas (que quisiera creer marginales) tenían lugar en una sociedad que se regía por la ley, y que por lo tanto no permitía que los individuos se acercaran unos a otros, ni introducir algo de calor humano, sino todo lo contrario.

A otro nivel, en las democracias occidentales observamos desde hace varias décadas un cambio que consiste en ampliar el ámbito de los contratos y reducir el de las leyes, lo que quiere decir restringir el poder del pueblo y dar libre curso a la voluntad de los individuos. Este cambio se pone sobre todo de manifiesto en el mundo del trabajo, donde los patrones suelen quejarse de la multitud de reglamentos que entorpecen su libertad de acción. Preferirían negociar directamente los contratos con sus empleados. La práctica se amplía también a la justicia. Cuando se ha causado un daño a alguien, es posible escapar de la condena si se decide reparar el daño e indemnizar a la persona perjudicada. Es cierto que de esta manera se consigue desatascar los tribunales, que están sobrecargados de trabajo, pero un delito no sólo hace daño a una persona, sino que constituye también una falta de respeto a la regla de vida común, un desgarro del tejido social, y esta degradación no se repara con una indemnización. El que puede pagar se libra del castigo. Basta con que pague los platos rotos. Sólo los pobres acaban en la cárcel.

Este cambio se aceleró en gran medida con la globalización de la economía. Teóricamente la globalización no procede de ningún Estado ni de ninguna legislación, y por lo tanto recurre exclusivamente a los contratos. Poco le importan los países. Tiene que ver, siempre y exclusivamente, con los individuos, que son iguales y a los que mueven los mismos intereses materiales. Sin embargo, la desproporción entre el poder de los dos interlocutores es evidente. Lo cierto es que la poderosa multinacional y el parado que busca trabajo no entran en la misma categoría. En el lugar del Dios garante ya no está el Estado, sino el mercado, es decir, el modo de intercambio, que se convierte en fundamento de sí mismo. Las frases de Lacordaire son en este caso más pertinentes que nunca.

PÉRDIDA DE SENTIDO

Puede observarse una evolución similar en el mundo del trabajo. Las acciones tanto para producir bienes como para ofrecer servicios ofrecen a los que las llevan a cabo una contrapartida, que comporta, por supuesto, una remuneración, pero también una contribución –no formal, pero no por ello menos importante– a su equilibrio psíquico y social. Incluso los que trabajan solos, los artesanos y los artistas, tienen la consciencia de ser útiles. Incluso aquellos cuyo trabajo no tiene que ver directamente con las personas, si logran realizar su labor, encuentran gratificación en el trabajo bien hecho: una pared recta, una puerta que cierra como es debido o un coche que vuelve a ponerse en marcha. Este sentimiento es mayor cuando, como en la gran mayoría de los casos, participamos en un trabajo colectivo, en una empresa o una Administración, donde el individuo forma parte de una comunidad, y el reconocimiento que le otorgan sus colegas refuerza su sensación de estar vivo. Estos momentos en común son no sólo agradables (cuando lo son), sino también necesarios para construir la propia identidad. La empresa no los produce mecánicamente (el buen humor no se encarga), pero puede asegurar las condiciones objetivas para que sea posible el enriquecimiento y la plenitud de la persona.

La antropología que subyace a la doctrina neoliberal, según la cual la economía domina la vida social, y la rentabilidad material domina la economía, ejerce una fuerte influencia en el mundo del trabajo, influencia que tiene que ver tanto con el lugar *del* trabajo entre las demás actividades humanas como con el lugar *dentro del* trabajo de los beneficios simbólicos que acabamos de comentar. La reciente exigencia de imponer mayor «flexibilidad» y «movilidad» al personal de la empresa es un buen ejemplo de los cambios que ha sufrido el trabajo. Para conseguir mejorar la productividad, para que no se incrusten las rutinas y los estereotipos, se cambia a menudo de puesto a los empleados (flexibilidad) o de lugar de trabajo (movilidad). Se cree que así trabajarán mejor, y a los propios trabajadores puede tentarles una mayor remuneración. Además, estas ideas se han convertido en un signo de modernidad y de eficacia, que se opone al conservadurismo imperante, por lo que nos doblegamos a ellas sin plantearnos su coste global. Así, en France Télécom, cientos de directivos cambian de puesto cada seis meses. El resultado es que la exigencia de flexibilidad hace olvidar la experiencia, que se adquiere con el paso del tiempo.

Uno de los efectos de la flexibilidad es que debilita la red social que construimos día a día, y por lo tanto la identidad del individuo. Se olvida que un trabajo es no sólo una tarea abstracta que debemos llevar a cabo, sino también un medio vivo, formado por relaciones humanas, ritos comunes, obligaciones y prohibiciones. Los efectos de la movilidad, que además a menudo suponen duros golpes a la vida familiar, son todavía más devastadores. El resultado, en la misma France Télécom, es que se han contabilizado veinticinco suicidios en veinte meses, por no hablar de las depresiones y de otros problemas. Vemos en qué medida el eslogan «trabajar más para ganar más», que lanzó el presidente de Francia, es simplista y desconcertante. Ganar más está bien, pero si es a costa de destrozar la vida familiar, de sentir que el trabajo pierde su sentido y de la falta de reconocimiento, cabe dudar que merezca la pena.

La exigencia de dar más importancia al trabajo que a las demás actividades de la vida va en la misma dirección. El «buen» empleado, el que logrará ascender, es el que está dispuesto a sacrificar sus noches para participar en las reuniones urgentes, y sus fines de semana en casa para preparar los informes del día siguiente. Su vida familiar se resiente necesariamente. Cuando los padres y las madres, aunque sobre todo los padres, tienen puestos de responsabilidad, sólo ven a sus hijos los domingos por la mañana. Esto causa problemas en la carrera profesional de las mujeres, menos dispuestas a sacrificar su vida familiar. Sin embargo, algunas feministas las animan a seguir este camino. Una periodista alemana que tuvo puestos de gran responsabilidad se pregunta por las razones por las que tan pocas empresas de su país cuentan con mujeres en el comité de dirección y se lamenta al constatar que «incluso las que tienen títulos y dicen estar emancipadas deciden por comodidad adaptarse al modelo de la mujer en casa y ocuparse de sus hijos».[2]

Este discurso da a entender que la mujer que sacrifica parte de su carrera profesional para enriquecer su vida con otras formas de desarrollo no está verdaderamente emancipada, es decir, no es libre. Así, se proyecta sobre las mujeres un modelo masculino ya anticuado, incluso caricaturesco, en el que sólo cuenta el éxito profesional, en el que se concibe la libertad como la ausencia de apegos, como una vida afectiva desierta. Las mujeres sólo pueden decidir quedarse en casa por pereza y por apatía, no porque consideren que la relación con sus hijos les enriquece. Por último, el fantasma de la «mujer en casa» está ahí para estigmatizar el hecho de «ocuparse de sus hijos», como si esta actividad las condenara a la reclusión y se tratara de algo excluyente, cuando hoy en día la mayoría de las mujeres desean tanto trabajar como disfrutar de sus hijos. En lugar de estigmatizar a las mujeres por lo que a mí me parece en realidad una decisión sabia, deberíamos condenar a los hombres por no imitarlas, por no reducir un poco las reuniones de la noche y la preparación de informes en casa para dedicarse algo más a interactuar con sus hijos, que es una experiencia de excepcional riqueza.

También podemos constatar a este respecto en qué medida es pernicioso otro eslogan de moda, el que sugiere que hay que «gestionar el Estado como una empresa». Entendemos que lo que quiere decir es que debemos tratar sus diferentes servicios con la única perspectiva de la rentabilidad material. Hemos visto ya que la rentabilidad es sólo una de las vertientes de la empresa, y que la otra son las ventajas simbólicas que obtienen los que trabajan en ella. Pero además el Estado no es simplemente una taquilla de servicios. Posee un poder simbólico propio, porque ocupa el lugar de Dios, cierto que no como objeto de culto, pero sí como garante de la legalidad y de la palabra dada. El Estado garantiza también la continuidad en el seno de una sociedad, porque los hombres pasan, pero el Estado sigue ahí, y puede preocuparse del futuro más lejano y de los valores no materiales. Aparte de sus funciones de reglamentación y de redistribución, ofrece un marco a la vida común, que permite situar nuestras actividades cotidianas en relación entre sí. Por buena que sea su voluntad, los agentes privados, a los que algunas veces el Estado delega sus funciones de servicio social o de ayuda al empleo, no pueden asumir este papel simbólico y aportar ese plus de sentido. El objetivo del Estado no es la rentabilidad, sino el bienestar de la población. Esta diferencia en los fines a los que se apunta incluye también a las administraciones y a instituciones como las escuelas y los hospitales.

TÉCNICAS DE MANAGEMENT

La palabra *management*, que entró en nuestro vocabulario hace unas décadas, designa el conjunto de técnicas de organización y gestión de una empresa para hacerla más eficaz. Pero en el mundo neoliberal de hoy en día el término se aplica sobre todo a algunas de esas técnicas, que orientan el organismo en cuestión en un sentido concreto. Enumero a continuación esquemáticamente algunas de ellas.[3]

1. *Descomposición de las tareas.*

Esta práctica se ha hecho famosa desde principios del siglo XX, en el que se desarrollaron técnicas que se suponía que iban a mejorar el trabajo. Las palabras que la designan son *taylorismo* y *fordismo*. El análisis «científico» de los gestos necesarios para llevar a cabo una tarea identifica los movimientos constitutivos de la acción y su concatenación óptima, lo que permite aumentar el rendimiento, y por lo tanto el beneficio. Pero ahora ya no se trata de gestos mecánicos, como los que inmortalizó Charlie Chaplin en *Tiempos modernos*. Ahora las tareas no son materiales. Se identifican las características de cada actividad precisando la cantidad: las siete dimensiones de esto, las nueve etapas de aquello y los cuarenta parámetros de lo de más allá. Cada uno de estos aspectos se presenta como una entidad indivisible, elemental, y se tiende a darle una forma estándar. La ventaja es doble: aunque la división en cuestión es arbitraria, cuando no fantasiosa, podemos ir marcando con una cruz las secciones, y por lo tanto disponer de un cuadro «objetivo» de cada actividad. Y gracias a esta apariencia impersonal, proclamar el carácter científico del proceso.

Las técnicas que hace mucho tiempo se ponían en práctica en las fábricas se amplían hoy al trabajo de oficina. Un poco por casualidad, me enteré de las prácticas de management en la administración de una gran Administración local del centro de Francia. Aunque se trata de un servicio público, esta Administración se gestiona como una empresa, es decir, se valora en función de la satisfacción de los clientes, porque si los clientes no están contentos, la empresa corre peligro. Para hacerlo, solicita cuatro *certificaciones* a organizaciones internacionales de regulación, una especie de condensado de las exigencias habituales de los clientes, que tienen que ver con: 1) la calidad de la actividad que se lleva a cabo; 2) la salud y la seguridad de los participantes; 3) el medio ambiente, y 4) la ética. Todo empleado debe velar para que su trabajo se ajuste a las certificaciones que ha suscrito su jefe y anotar los resultados en cuadros generales. Además, cada certificación es controlada por otro empleado que se dedica exclusivamente a esta labor («el señor Calidad», «la señorita Medio Ambiente», «el señor Ética»), y estos «referentes de calidad» son a su vez dirigidos por dos subdirectores, empleados a jornada completa. Por último, un organismo externo, un banco de inversiones o un consejo de auditoría, evalúa cada cierto tiempo si el trabajo realizado se ajusta a las certificaciones.

A esta organización general se añade un conjunto de *valores* que se supone que todos los empleados deben compartir y que oportunamente recuerdan los paneles colocados en los espacios comunes: 1) calidad del servicio prestado; 2) respeto a las personas; 3) ejemplaridad, y 4) implicación. Contravenir estos valores supone una anomalía que debe señalarse. Por último, a las certificaciones y a los valores se suman los *objetivos* que debe cumplir cada empleado, por ejemplo: 1) entregar los informes en los plazos indicados, y 2) enviar las demandas de financiación en los plazos previstos. Se anima además a que cada uno se asigne a sí mismo objetivos complementarios. Si se cumplen los objetivos al cien por cien, se puede aspirar a una prima de excelencia a finales de año.

Esta descomposición parece a veces inspirada en los juegos electrónicos (o los ordenadores), donde toda complejidad se reduce a una serie de opciones a las que hay que responder con un sí o con un no. Si la operación va bien, cabe imaginar que dentro de poco el ser humano sea sustituido por una máquina, como sucedió en los trabajos en los que realizaba gestos exclusivamente mecánicos, fáciles de reproducir, como en los peajes de las autopistas, salvo que aquí se trata de trabajos que no son manuales. Si se trata de taylorización, tiene que ver con movimientos mentales, no corporales. Como detallan las instrucciones de cada certificación, ésta determina las exigencias, pero no la manera de cumplirlas, de modo que deja «mucho espacio y flexibilidad para ponerlas en práctica». El efecto general que produce esta técnica es la mecanización de las operaciones mentales. Ya no es necesario pensar. Basta con ajustarse a un ritual cuya racionalidad de conjunto resulta incomprensible para los que lo ejecutan.

2. *Objetividad de los resultados.*
Esta segunda característica se apoya en la primera, ya que mediante la descomposición de las tareas se llega a eliminar todo rastro de valoración subjetiva. Por este motivo, la relación directa entre superior y subordinado, entre maestro y alumno, tiende a quedar sustituida por el empleo de tests en los que se marca con una cruz la opción correcta y por las respuestas a formularios. Este último término indica perfectamente el objetivo que se busca, que es imponer una casilla uniforme a todas las experiencias. Además, a fuerza de rellenar formularios, a los profesores no les queda tiempo para ocuparse de los alumnos individualmente, ni a las enfermeras de los enfermos. El contacto personal queda sustituido por el trabajo solitario, y la interpretación, por la descripción impersonal, como si el contacto físico de dos individuos supusiera una especie de amenaza, porque no se sabe exactamente qué puede salir de ahí. Es lo que el filósofo estadounidense Matthew Crawford llama, en una instructiva obra sobre el sentido del trabajo, «la desconfianza por lo arbitrario».[4] Aquí se elimina la amenaza, pero también, de golpe, todas las ventajas para construir la identidad que cada uno podía sacar del contacto personal. Los seres humanos, privados de identidad por esta reducción de las conductas a números, se deshumanizan. Piden sentido y se les responde con cifras. Necesitan reconocimiento personal y se les reduce a informes estándares.

3. *Programación de las mentes.*
A la programación «natural», inscrita en nuestros genes, los hombres añaden una programación «artificial», o más bien social. En este caso se recurre de nuevo a la metáfora del ordenador. Podemos decir también que «la normalización de las actividades, que caracterizaba el esquema tayloriano, da paso a la normalización de las personas»,[5] lo que en ocasiones se llama el *toyotismo*, que toma el nombre de la fábrica de coches japonesa, en la que por primera vez se aplicó esta técnica. Se supera entonces una etapa. Ya no preocupa la habilidad de los trabajadores, sino sus *buenas maneras*. Se recurre no sólo sus competencias, sino también a toda su personalidad. La frontera entre vida profesional y vida privada tiende a difuminarse.

Si se logra formatear o programar a las personas, ya no hay que preocuparse por cada uno de sus gestos. El objetivo ya no es su comportamiento, sino su cerebro, que podrá gestionar todos sus comportamientos. De pronto se pide a todos los empleados un compromiso mucho mayor, no sólo corporal, sino mental. Sin embargo, se trata de una mente privada de toda iniciativa, encerrada en un marco reducido. El individuo debe convertirse ya no en un engranaje de la máquina, sino en el enlace de un circuito. Se supone que la mente se parece a un ordenador bien programado que se convierte en interfaz entre dos máquinas, a veces de forma bastante literal. En algunas empresas, el responsable sigue en una pantalla la llegada de los datos (por ejemplo, la curva de ventas) y anota en otra pantalla las medidas necesarias (reforzar determinada producción o reducir otra). Da la impresión de que dentro de poco ni siquiera esta intervención humana será necesaria.

A diferencia de las deshumanizaciones a las que nos tenía acostumbrados el totalitarismo, en este caso el modelo inconsciente de la deshumanización es el de la *máquina*, aunque se trate de una máquina muy perfeccionada. Los nazis reducían a sus víctimas a infrahombres, incluso a animales, los utilizaban como cobayas para experimentos médicos, y

los comunistas trataban a las suyas como a esclavos y las hacían trabajar hasta el agotamiento, pero estas prácticas pueden también superponerse entre sí, porque el resultado final
es el mismo (no nos sorprenderá saber que Stalin era un ad-
mirador de Taylor).
El *toyotismo* condiciona a los individuos, pero no los
priva de voluntad. No pretende convertirlos en robots (a la
manera de los personajes de Chaplin). De entrada, todos
tienen que interiorizar los objetivos de la empresa, y en lugar de limitarse a obedecer las órdenes, deben ser capaces de
tomar iniciativas para enfrentarse a situaciones imprevistas.
Esto da a los agentes de la empresa la impresión de asumir
verdaderas responsabilidades. A esta manera indirecta de
gestionar sus actos se le llama algunas veces «gobernanza»,
«una técnica de normalización de los comportamientos».[6]
No se trata de reglas fijas, sino de un condicionamiento que
debe producir los resultados esperados.

4. Disimulo de las jerarquías.
Sin embargo, pese a la apariencia de que el trabajador tiene
mayor autonomía, pese al discurso tranquilizador sobre
la ausencia de jerarquías impuestas, los que participan en la
actividad no disponen de libertad real. Como han programado sus deseos, ahora hablan como máquinas. En realidad
están atrapados en una situación típica de doble obligación.
Aunque los dados están trucados y los objetivos se han decidido de antemano, se les obliga a ser libres y a comportarse
de manera autónoma. La obligación es invisible, porque todos están convencidos de que actúan así por su propio interés. La autodisciplina sustituye los rústicos métodos de antaño. Cada quien es responsable de su trabajo, pero las
instrucciones son comunes a todos. Las órdenes proceden
ya no de jefes brutales, sino de organismos desprovistos de
poder coercitivo, como los consejos de administración, de formación y de auditoría. La ley está ausente, pero la presión
sobre cada trabajador es tanto más fuerte cuanto que es in-
sidiosa, en último término impuesta por sí mismo y su bien

programada conciencia. Los jefes ya no dan órdenes, pero el empleado es valorado a la vez desde arriba (la dirección), desde su mismo nivel (los compañeros) y desde abajo (los usuarios y los clientes). De todas formas, las decisiones a las que se obedece no se presentan como producto de una voluntad, sino como impuestas por la razón, la naturaleza misma de las cosas, las leyes de la economía y las circunstancias de cada situación.

Las técnicas de management deterioran la vida social y psíquica de las personas a las que se aplican, pero sólo mejoran marginalmente los resultados de las empresas. Trasladadas al mundo de la administración, estas técnicas no son mucho más eficaces. Las pocas ventajas que se obtienen quedan compensadas por los gastos que acarrean: en el organismo del que hablaba, seis puestos directivos y de control, a los que se añaden lo que hay que pagar a la instancia externa que evalúa. Rellenar formularios y cuadros ocupa una parte nada despreciable del tiempo de trabajo. Así, nos damos cuenta de que imponer estas técnicas, que evidentemente no es general, pero sí una tendencia importante en el mundo del trabajo actual, en realidad no responde a la preocupación por la eficacia y la rentabilidad. Su razón de ser es de naturaleza ideológica. En palabras de Saint-Simon, apuntan a sustituir el gobierno de los hombres por la administración de las cosas, a eliminar las incertidumbres inherentes a la actividad humana autónoma.

Es como si en estas entidades públicas o privadas prefirieran convertir en reglas explícitas lo que un ser humano hace por sí mismo. En su vida anterior, el empleado obtenía una satisfacción personal del trabajo bien hecho e intentaba no poner en peligro su salud ni la seguridad de sus vecinos, no degradar el medio ambiente ni hacer bromas de mal gusto de carácter sexista o racista con sus compañeros... Incluso intentaba terminar su trabajo a tiempo. Explicitar y codificar sus gestos lo priva de su autonomía y lo reduce al papel de un elemento en un circuito. El efecto general de la jerga que se emplea no es mostrar la realidad, sino esconderla, algo así como las fórmulas alambicadas y huecas de los burócratas soviéticos de antaño. Y esta «normalización» es además una deshumanización.

En nuestros días nos gusta aludir a los crímenes contra la humanidad como el nivel más alto en la escala criminal. Las prácticas de deshumanización que se expanden en el mundo laboral son sin duda infinitamente menos espectaculares y no provocan pilas de cadáveres, pero son mucho más frecuentes que estos crímenes y tienden insidiosamente a paralizar la humanidad de los que tienen que ver con ellas, porque obstaculizan su necesidad de libertad, de relación inmediata con el otro y de preocupación por el bien común.

Hemos visto reacciones especialmente dolorosas frente a esta evolución y sus consecuencias, como los suicidios en France Télécom. Los incondicionales del neoliberalismo ven en ello una razón más para condenar el Estado-providencia, que ha echado a perder a sus ciudadanos porque los ha hecho incapaces de flexibilizar. Son vulnerables porque han recibido ayuda permanentemente. Hay que volver a gozar del placer de ser nómada... Los que defienden interpretaciones psicológicas han esgrimido la idea de acoso: todo es culpa de los superiores jerárquicos, que se rinden al perverso placer de humillar y perseguir a sus subordinados. El remedio consiste en una legislación más detallada, que codifique las relaciones humanas en el mundo laboral. Es preciso perseguir a los acosadores. Cabe preguntarse si el problema, más que psicológico, no tiene que ver con la propia organización del trabajo, y en último término con la ideología neoliberal subyacente.

Una empresa que no obtiene beneficios tarda poco en arruinarse, por lo tanto se trata no de dejar de lado la rentabilidad en favor del enriquecimiento interior del personal, sino de encontrar un equilibrio entre ambos, teniendo en cuenta además que un mejor ambiente social es beneficioso para la empresa desde el punto de vista económico. Pero el Estado, mediante la legislación, también tiene que desempeñar su papel, porque es el único que puede actuar en nombre de otra lógica, la que tiene en cuenta el largo plazo y los recursos naturales del país, la salud de los habitantes y la necesidad de invertir en educación. Hoy en día, en Europa, el único marco de intervención eficaz sería teóricamente el de la Unión Europea. Si no se llega a un acuerdo, las empresas «honestas» de un país desaparecerían frente a la competencia de las de otro país que sólo pretendieran obtener beneficios inmediatos. Si queremos defender no sólo las fábricas, sino también un modo de vida que consideramos valioso, parece indispensable en Europa el proteccionismo moderado y matizado respecto de las empresas de otros continentes, aunque sabemos que en este punto la práctica va de momento por detrás de la teoría.

El debilitamiento del ámbito de la ley, la pérdida de sentido en el mundo laboral y la deshumanización de las personas no se explican por la conspiración de algunos conjurados, los capitostes del gran capital, aunque es obvio que los que se benefician materialmente hacen lo posible para reforzar estos cambios. Lo mismo podemos decir de las nuevas técnicas de management y de gobernanza. Estos cambios en general son efecto de una evolución de la sociedad, que no ha generado un sujeto individual consciente. Pero está claro que, aunque no son consecuencia directa de la ideología liberal, ésta los ha posibilitado, y a su vez la favorecen. Estos cambios parecen lógicos en un mundo que se caracteriza por el olvido de los fines, como la plenitud de las personas y una vida rica en sentido y belleza, y la sacralización de los medios, como una economía próspera sobre la que no nos preguntamos si presta servicio a la sociedad y que reduce las empresas a su mero valor bursátil.

EL PODER DE LOS MEDIOS DE COMUNICACIÓN

Paso ahora a una última forma de tiranía de los individuos, ya no económica, sino social. Cuando Montesquieu enumera los poderes del Estado, que es preciso separar para que se limiten mutuamente, se queda con sólo tres, en una división ya tradicional: el legislativo, el ejecutivo y el judicial. En las sociedades democráticas modernas nos hemos acostumbrado a añadir otras dos formas de poder: el económico y el mediático. Así, haré algún comentario respecto de este último.

Algunas veces se presenta la libertad de expresión no como un valor entre otros, sino como el fundamento de toda democracia. Con ocasión de un caso que hizo hablar mucho de ella, primero en Dinamarca y después en el mundo entero, el de las caricaturas del profeta Mahoma, pudimos leer a propósito de la libertad de expresión que era el «primer valor danés». ¿Debemos en este caso rechazar toda limitación?[7]

Que la libertad de expresión sea una necesidad parece claro cuando pensamos en el ciudadano aislado, maltratado por la Administración, al que se le cierran todas las puertas y sólo le queda un recurso: hacer pública la injusticia de la que es víctima y darla a conocer, por ejemplo, a los lectores de un periódico. Pero estamos simplificando demasiado. Imaginemos que el discurso que aspira a la libertad de expresión es el del antisemita Drumont, o que tiene que ver con una propaganda odiosa, o que consiste en difundir informaciones falsas. Pensemos también no en el individuo aislado, sino en un grupo mediático que posee cadenas de televisión, emisoras de radio y periódicos, y que puede decir por ellos lo que quiera. Que escapen al control gubernamental es sin duda bueno, pero parece más dudoso que todo lo que hagan sea beneficioso.

La libertad de expresión tiene sin duda su lugar entre los valores democráticos, pero cuesta ver cómo podría convertirse en su fundamento común. Exige la tolerancia total (nada de lo que decimos puede ser declarado intolerable), y por lo tanto el relativismo generalizado de todos los valores: «Reclamo el derecho a defender públicamente cualquier opinión y a despreciar cualquier ideal». Ahora bien, toda sociedad necesita una base de valores compartidos. Sustituirlos por «tengo derecho a decir lo que me dé la gana» no basta para fundamentar una vida en común. Es del todo evidente que el derecho a eludir determinadas reglas no puede ser la única regla que organiza la vida de una colectividad. «Está prohibido prohibir» es una bonita frase, pero ninguna sociedad puede ajustarse a ella.

Junto con la libertad de elección, que preserva para sus ciudadanos, el Estado tiene (o debería tener) otros objetivos: proteger su vida, su integridad física y sus bienes, luchar contra las discriminaciones, actuar en pro de la justicia, la paz y el bienestar comunes, y defender la dignidad de todos los ciudadanos. A este respecto, como ya sabía Burke, la palabra y las demás formas de expresión sufren restricciones, que se imponen en beneficio de los demás valores que asume la sociedad.

Si nos tomamos en serio estas reservas sobre el carácter absoluto de la libertad de expresión, ¿debemos irnos al otro extremo y exigir que la ley, o el poder público, lo controle todo? ¿Estamos condenados a elegir entre el caos libertario y el orden dogmático? Creo que no. Se trata más bien de afirmar que la libertad de expresión debe ser siempre relativa, en función de las circunstancias, de la manera de expresarse, de la identidad de quien se expresa y de quien describe su propósito. La exigencia de libertad sólo tiene sentido en un contexto, pero los contextos varían enormemente.

¿Dónde nos expresamos? No abordaremos con las mismas exigencias un libro, que hay que comprar y leer (actividades raras y difíciles...), que un artículo de periódico o una intervención en televisión, una publicación satírica que un semanario serio, un programa marginal de televisión por cable que el telediario de las nueve de la noche. Un pequeño incidente ilustra esta diferencia en el caso de la imagen: en otoño de 2006 un museo de la fotografía de Charleroi (Bélgica) organiza una exposición de un fotógrafo japonés especializado en mostrar a mujeres desnudas atadas. La exposición se anuncia con un gran cartel en la fachada del museo.

Algunos ciudadanos protestan, el director del museo declara que no está de acuerdo y que no va a consentir la censura. Ahora bien, la disparidad de las dos situaciones, las fotos de la galería y las fotos del cartel de la calle, está clara. Entrar en una galería implica una elección voluntaria, pero para ver el cartel basta con pasar por el barrio. En cuanto al contenido de este ejercicio de libertad de expresión, imaginemos por un momento que cambiamos a las mujeres por representantes de una «minoría visible» cualquiera, por ejemplo los negros. Un caballero podría confesar que siente una irresistible pulsión por fotografiar a negros desnudos atados, pero su exposición seguramente no suscitaría tanto entusiasmo. La paradoja es clara: las que ilustran la reivindicación de libertad son las mujeres atadas...

¿Cómo nos expresamos? Los debates y las publicaciones científicas deberían escapar a todo control, porque son fundamentales para buscar la verdad (si corremos el riesgo de que nos castiguen por los resultados que obtengamos, quiere decir que estamos buscando mal) y también porque los textos de este tipo tienen muy poco impacto directo en la opinión pública. Podemos pues oponernos a las leyes de memoria histórica, que sacralizan determinados hechos del pasado, y no prohibir por principio las investigaciones sobre los fundamentos biológicos de la desigualdad entre razas o sexos (pero no hay el menor impedimento en que el editor decida no publicar esas investigaciones por falta de rigor científico).

La situación del artista es diferente. Las democracias liberales contemporáneas consideran que la creación artística exige libertad absoluta, lo que probablemente es una fórmula excesiva, ya que postula una ruptura salvaje entre arte y no arte. O implica una curiosa desvalorización del arte, porque decidimos de entrada que, digan lo que digan, las obras de arte no incidirán en la vida de la sociedad. Paradójicamente, los regímenes totalitarios, que prohibían a algunos pintores y quemaban los libros de algunos escritores, mostraban mucho más respeto por su actividad. El secretario del partido comunista soviético, Suslov, convocó a Vasili Grossman tras haber leído el manuscrito de *Vida y destino*. Consideraba que el libro era peligroso para el régimen político. «¿Por qué íbamos a añadir su libro a las bombas atómicas que nuestros enemigos preparan contra nosotros?»[8] No vamos a echar de menos aquella época y sus prohibiciones, pero, sin que se instituya ningún tipo de censura, ¿no es legítimo debatir públicamente sobre el posible impacto de un libro o de una imagen en los lectores o los espectadores?

LA LIBERTAD DEL DISCURSO PÚBLICO

Al margen de estos dos casos concretos, la ciencia y el arte, queda por plantear la libertad de la que gozan los discursos políticos, que apelan más directamente a la acción. Es a lo que se refieren, por ejemplo, las leyes contra la incitación al odio racial y la violencia.

El elemento contextual más importante tiene que ver con la identidad de quien reclama la libertad de expresión y de quien es objeto de ella. Lo que cuenta en primer lugar es el margen de poder del que disponen uno y otro. No basta con tener derecho a expresarse. Hay que tener la posibilidad de hacerlo. Si no se tiene, esta «libertad» es una palabra vacía. En los grandes medios de comunicación no se aceptan con la misma facilidad todas las informaciones y todas las opiniones. Ahora bien, la libre expresión de los poderosos puede tener consecuencias nefastas para los que no tienen voz. Si tenemos la libertad de decir que todos los árabes son islamistas imposibles de asimilar y que todos los negros son traficantes de droga, ellos pierden la suya de encontrar trabajo, incluso de andar por la calle sin que los controlen.

El problema no es nuevo. Lo habían observado ya en la época de la democracia griega. En este tipo de régimen, la mayoría decide el camino a seguir en los asuntos comunes, pero la mayoría de los ciudadanos no está necesariamente bien formada. Cada quien tiene sus problemas y no está demasiado al corriente de los asuntos comunes, que además suelen ser muy complejos, de modo que sigue los consejos de los que más saben del tema. Pero los que le parece que saben más del tema no son necesariamente los que poseen un conocimiento superior, sino los que saben hablar de manera atractiva, los maestros del discurso, los sofistas. La democracia siempre está amenazada por la demagogia. El que habla bien puede ganarse la confianza (y el voto) de la mayoría, en detrimento de un consejero más razonable pero menos elocuente.

Esta amenaza de demagogia, ya presente en la Antigüedad, se ha visto exacerbada en la modernidad gracias a la omnipresencia de los medios de comunicación: prensa, radio, televisión y ahora internet. La pulsión de imponerse por la habilidad manejando palabras e imágenes no ha cambiado desde aquellos tiempos lejanos, pero el instrumento del que disponen es hoy en día infinitamente más poderoso. Desde este punto de vista, con los medios de comunicación sucede como con las armas: nuestra ferocidad no ha aumentado, pero nuestra capacidad de destruir vidas y edificios no tiene nada que ver con la de los romanos o los bárbaros del norte. Vemos cómo avanzan tanto las armas nucleares como los mensajes planetarios, que se reciben en cualquier lugar del mundo a los pocos segundos de haberse emitido. En un siglo el cambio ha sido más importante que en los dos mil años anteriores. Hasta ahora sólo podíamos dirigirnos a las personas reunidas en una sala o en la plaza pública, o –mejora sensible– a los lectores de la prensa escrita. Hoy en día la información se dirige tanto a los eruditos como a los analfabetos, de toda condición y de todos los países, y además es instantánea. Es cierto que procede de múltiples fuentes, pero eso no quiere decir que todas las fuentes tengan el mismo poder.

Creemos que tomamos nuestras decisiones por nosotros mismos, pero si todos los grandes medios de comunicación, desde la mañana hasta la noche y día tras día, nos lanzan el mismo mensaje, el margen de libertad del que disponemos para formarnos nuestras opiniones es muy limitado. Nuestros imperativos de acción se fundamentan en las informaciones que tenemos del mundo, pero estas informaciones, incluso suponiendo que no sean falsas, han sido seleccionadas, clasificadas, agrupadas y conformadas en mensajes verbales o visuales para llevarnos hacia determinada conclusión en lugar de hacia otra. Sin embargo, los órganos de información no expresan la voluntad colectiva, y es una suerte, porque el individuo debe poder juzgar por sí mismo, no bajo la presión de decisiones que proceden del Estado. Lo que sucede es que, tal y como están ahora mismo las cosas, corremos el riesgo de recibir una información tan uniforme como si procediera del Estado, pero decidida por un solo individuo o un grupo de individuos. En la actualidad podemos –si tenemos mucho dinero– comprarnos una cadena de televisión, o cinco, o diez, y emisoras de radio, y periódicos, y hacer que digan lo que queremos para que los consumidores, lectores, oyentes y espectadores piensen lo que queremos.

Por supuesto, el magnate de los medios de comunicación tiene que preocuparse también de que su imperio sea rentable, no puede limitarse a difundir propaganda, pero nada le impide mezclarla hábilmente con otros contenidos que venden (escándalos, sexo y violencia). El resultado final es que ya no pretende persuadir, sino manipular, y entonces ya no hablamos de democracia, sino de plutocracia, ya no es el pueblo quien tiene el poder, sino sencillamente el dinero. El poderoso puede imponer tranquilamente su voluntad a la mayoría.

Pongo un ejemplo actual. El periódico *News of the World*, un semanario londinense sensacionalista del imperio mediático de Rupert Murdoch, provocó un escándalo por sus métodos de investigación y fue investigado por la policía. En esta ocasión nos enteramos de hasta qué punto el poder político y el poder mediático estaban entrelazados. El actual jefe del Gobierno británico, David Cameron, pasaba las vacaciones en el yate de Murdoch, y su director de comunicación es el antiguo director del periódico hoy incriminado. Sus periodistas pagaron decenas de miles de libras esterlinas a los policías de Scotland Yard, lo que les garantizó el acceso a informaciones confidenciales, pero también cierta protección para sus investigaciones, que rozaban la ilegalidad. En el momento de las elecciones, todos los medios de comunicación del grupo, que posee también cadenas de televisión, centraron sus ataques en los adversarios laboristas. La victoria del bando conservador tuvo mucho que ver con ello. Pero eso no impidió que en otro momento Murdoch mantuviera buenas relaciones con el Gobierno del laborista Blair, cuya cruzada antiterrorista apoyó, hasta el punto de que públicamente se le llama «el vigésimo cuarto miembro del Gobierno». El poder político le recompensó sus numerosos servicios con diversos favores. Este mismo imperio mediático desempeña un papel importante en la vida política de Estados Unidos a través de la cadena de televisión Fox News.

Otro ejemplo actual de poder mediático nos lo ofrece la cadena de televisión Al Yazira, de Qatar, que ejerce una extraordinaria influencia sobre la evolución política de los países árabes, pero no se limita a ofrecer gran cantidad de información, sino que la orienta en función de la línea política que ha decidido promover. Así, la caída de los autócratas árabes le debe mucho, pero la cadena jamás critica a las instancias religiosas musulmanas ni a Arabia Saudí.

El discurso público, un poder entre otros, en ocasiones debe limitarse. ¿Dónde encontrar el criterio que permita diferenciar las buenas limitaciones de las malas? Entre otros lugares, en la relación de poder entre el que habla y aquel del que se habla. No tiene el mismo mérito atacar a los poderosos del momento que señalar a un chivo expiatorio para que el pueblo lo odie. Un órgano de prensa es infinitamente más débil que el Estado, por lo que no hay ninguna razón para limitar su libertad de expresión cuando lo critica. Cuando, en Francia, el portal Mediapart destapa la colusión entre poderes económicos y responsables políticos, su gesto nada tiene de «fascista», digan lo que digan los que se sienten atacados. En cambio, un órgano de prensa es más poderoso que un individuo, de modo que cuando lo somete a un «linchamiento mediático», comete un abuso de poder. La libertad de expresión es muy valiosa como contrapoder, pero como poder debe limitarse.

Hemos visto que, en los países en los que el Estado controla los medios de comunicación públicos, las nuevas tecnologías ofrecían la oportunidad de informarse conectándose a las redes sociales, que escapan a todo control centralizado. Gracias a Facebook y Twitter, la información puede circular en China y desbaratar el control del gabinete político. En 2011, en los países árabes de Oriente Próximo, esta misma forma de difusión de noticias ha facilitado las revueltas políticas. Nadie tiene poder de forma aislada, pero compartir información ha permitido derrocar Gobiernos represivos. En este caso no podemos hablar de abuso de poder, pero en otras circunstancias el mismo instrumento puede servir para someter. Si todos los miembros de la red transmiten dócilmente la opinión de una figura dominante, el resultado no es que se transmiten las ideas recibidas, sino que se refuerza el conformismo. Lo que en manos de los dominados era un medio de liberación se convierte en un medio de sumisión en manos de los dominantes.

En octubre de 2010 una fuente independiente del gobierno estadounidense, el equipo de WikiLeaks, hizo pública una serie de documentos. Nos enteramos de en qué medida la violencia de todo tipo, los asesinatos, las violaciones, las torturas y las vejaciones fueron cotidianos durante la ocupación de Irak, y en qué medida suscitaron pocas reacciones por parte de las autoridades civiles y militares estadounidenses, que estaban al corriente. La reacción del Gobierno estadounidense ante estas revelaciones fue curiosa: centró todos sus esfuerzos en descubrir el origen de las filtraciones y la identidad de los que las difundieron para llevarlos ante la justicia. El soldado Bradley Manning, supuesta fuente, fue detenido y tratado como a un delincuente peligroso, como a los terroristas encerrados en Guantánamo. Sufrió acoso, humillaciones y tortura psicológica. Por el contrario, no se profirió una sola palabra para lamentar los actos criminales que llevaron a cabo las fuerzas estadounidenses de ocupación, y tras conocerse la noticia no se acusó a ninguno de los responsables. Pese a lo que dijeran en esta ocasión, las «filtraciones» de WikiLeaks nada tenían de «totalitarias». Los regímenes comunistas hacían transparente la vida de individuos débiles, no la del Estado.

Los defensores de la libertad de expresión ilimitada pasan por alto esta diferencia fundamental entre poderosos y no poderosos, lo que les permite echarse flores a sí mismos. El redactor del periódico danés *Jyllands-Posten*, que publicó en 2005 las caricaturas de Mahoma, vuelve sobre el tema cinco años después y se compara humildemente con los herejes de la Edad Media quemados en la hoguera, con Voltaire, que atacó a la todopoderosa Iglesia, con los que se opusieron a Hitler entre las dos guerras y con los disidentes reprimidos por el poder soviético. Está claro que hoy en día la figura de la víctima ejerce una atracción irresistible. El periodista olvida que los valientes defensores de la libertad de expresión luchaban contra los que detentaban el poder espiritual y temporal de su tiempo, mientras que él defendía una posición que contaba con el aval tanto del Gobierno de su país como de la mayoría de la población, y que el blanco de esos ataques no era la fuerza dominante del país, sino una minoría discriminada.

Poner límites a la libertad de expresión no significa solicitar que se instaure la censura. Se trata más bien de apelar a la responsabilidad de los que tienen el poder de difundir informaciones y opiniones, responsabilidad que aumenta cuanto mayor es el poder del que se dispone y que debería suscitar una reserva proporcional. Pesan menos obligaciones sobre un libro que ha vendido cinco mil ejemplares que sobre un periódico que lee medio millón de personas o una cadena de televisión que ven cinco millones de espectadores. Por esta misma razón, un miembro del Gobierno, y con más razón su jefe, debe sopesar más sus palabras que el jefe de un partido famoso por sus posiciones discriminatorias y xenófobas. La regla parece sencilla: la libertad de expresión debe sufrir menos excepciones cuando el poder del que se dispone es débil, porque en ese caso constituye un contrapoder, pero debemos escrutarla con mucha más atención cuando los que la reivindican ocupan una posición de fuerza en el plano político o económico, porque entonces puede acarrear el abuso de poder.

LOS LÍMITES DE LA LIBERTAD

A primera vista, el mesianismo político y el neoliberalismo surgen de dos tendencias opuestas. El primero da muestras de la capacidad de intervención del Estado, y el segundo de su progresiva eliminación. Es como si la fuerza de uno compensara, o disimulara, la debilidad del otro. A la marcha triunfal de los ejércitos en el extranjero se opone la impotencia del Estado en su propio territorio. Da la impresión de que para el presidente estadounidense, Obama, es mucho más fácil bombardear Libia que conseguir que en su país se acepte mejorar la seguridad social.

Sin embargo, estas dos desviaciones del espíritu democrático a partir de principios que le son propios tienen también un fundamento común: la concepción de que el hombre tiene siempre y en todas partes los mismos derechos. Además, las dos forman parte del legado pelagiano, dado que no imponen ningún límite intrínseco a su acción, sea la de los Estados o la de los individuos. Así, resulta sencillo conjugar el mesianismo político con la doctrina neoliberal, como ilustraba en su tiempo el mencionado folleto de la Casa Blanca que sentaba las bases para intervenir en Irak. Lo justificaban los derechos humanos tanto como la «libre empresa». Pero, así como es preciso frenar el mesianismo político, que aporta la desolación en lugar de la plenitud que promete, hay que poner límites a la libertad de los individuos.

El principio democrático exige limitar todos los poderes, no sólo los de los Estados, sino también los de los individuos, incluso cuando tienen apariencia de libertad. La libertad que tienen las gallinas de atacar al zorro es una broma, porque no pueden hacerlo, y la libertad del zorro es peligrosa, porque es el más fuerte. El pueblo soberano, mediante las leyes y las normas que establece, tiene todo el derecho del mundo a restringir la libertad de todos, ya que puede convertirse en una amenaza. La tiranía de los individuos es sin duda menos sangrante que la de los Estados, pero es también un obstáculo para una vida común satisfactoria. Nada nos obliga a elegir entre «todo Estado» y «todo individuo». Tenemos que defender ambos, y que cada uno limite los abusos del otro.

En la actualidad debemos tener en cuenta el importante incremento del poder de los individuos. El terrorismo ofrece un ejemplo extremo. Los avances tecnológicos permiten que grupos de particulares fabriquen armas peligrosas. Antes, sólo un Estado, y además de los más poderosos, podía organizar una acción tan compleja como las explosiones de Nueva York, Estambul y Madrid, pero fueron obra de varias decenas de personas. Aunque la comparación pueda parecer forzada, lo necesario para controlar a los terroristas, es decir, un Estado eficaz, resulta también necesario para contener la acción de individuos superpoderosos en otros ámbitos, como la economía y los medios de comunicación. La sociedad debe garantizar la pluralidad de la información con más fuerza de lo que lo hace en nuestros días. No debería permitirse una situación en la que el jefe del Gobierno es al mismo tiempo propietario de muchos medios de comunicación, como en Italia. Y lo mismo podría decirse de la globalización. La economía prospera cuando el capital circula y se multiplican los intercambios, pero la economía no es el sentido último de la vida humana. Corresponde a la sociedad en su conjunto someterla a las exigencias políticas y sociales, que se deciden en común. No se trata de impedir la globalización, sino de prevenir sus efectos perversos. Desde este punto de vista, observamos cierto paralelismo entre la defensa de los derechos humanos y la economía de mercado. Las dos son necesarias, y a la vez las dos deben ser equilibradas por otras formas de intervención. Por definición, ninguna sociedad organizada concede libertad ilimitada a sus habitantes, dado que se dota de leyes. Lo que se sitúa más cerca de este extremo sería un país en el que reinara la anarquía total (aunque la palabra *reinara* no es muy oportuna en este caso, ya que precisamente no reinaría nada), pero ¿ha existido alguna vez? Sería un país asolado por la guerra civil, y por lo tanto por el desmoronamiento de todos los poderes importantes. Cuando Benjamin Constant escribe, hacia el final de su vida: «He defendido cuarenta años el mismo principio, la libertad en todo, en la religión, en la filosofía, en la literatura, en la industria y en la política, y por libertad entiendo el triunfo de la individualidad»,[9] su posición teórica roza el ideal anarquista, pero se guarda mucho de incluir en ese «todo» el ámbito de la justicia y el de la defensa nacional. En el otro extremo están los regímenes represivos y opresores tanto en el ámbito de las costumbres y los comportamientos como en el de la actividad económica, los regímenes autoritarios, incluso totalitarios. Pero, como sucede con la libertad en los anarquistas, no puede prohibirse todo, porque en ese caso la vida no podría avanzar. Tanto en un caso como en el otro, se trata más de una idea reguladora que de una realidad.

Los regímenes moderados distribuyen siempre las libertades y las obligaciones, y esta distribución proporciona además una clave para identificar a los que tienden a la izquierda y a los que se reconocen en la derecha. Para los primeros es preciso conceder la máxima libertad a los comportamientos, y la censura, los tabúes e incluso la moral son mal recibidos. En cambio, el Estado debería intervenir para limitar las libertades económicas. Para los segundos es al revés: los Gobiernos de derechas, conservadores en el plano de las costumbres, prefieren conceder plena libertad a las actividades económicas individuales, como preconiza la doc-

trina neoliberal. La izquierda es favorable a la libre circulación de las personas, y la derecha, a la de los capitales, pero
es significativo que ninguna reclame las dos simultáneamente, como si fuera necesario prohibir en un ámbito para com-
pensar las libertades del otro. Este diferente enfoque crea
también dificultades para los que lo ponen en práctica, puesto que no siempre es fácil justificar la ausencia de libertades en un ámbito cuando al mismo tiempo se defienden las
del otro.

La experiencia de los países comunistas mostró que una
economía totalmente controlada por el Estado aporta estan-
cación y penuria. La reciente crisis bancaria y financiera que
ha golpeado a los países occidentales ha ilustrado otra verdad: que si se deja actuar al mercado por su cuenta, no produce el bienestar común. No podemos contar con él para
regular los precios gracias al libre juego de la competencia,
ya que supone olvidar las diferencias tanto entre los bienes
que se intercambian, productos del trabajo o de la especula-
ción, como entre las motivaciones que mueven a los seres
humanos, desde las más racionales hasta las más locas. Por
lo tanto, los agentes económicos no pueden sustituir al Estado. La intervención del Estado se sitúa en otro plano: deli-
mita sus prácticas mediante una reglamentación adecuada y
garantiza el equilibrio de la vida común por medio de la redistribución. Puede también favorecer proyectos a largo plazo en los que los particulares no perciben intereses inmediatos, porque sus frutos sólo beneficiarán a sus hijos o a sus
nietos, como las medidas ecológicas.

La doctrina comunista interpreta la vida humana como
una inevitable y despiadada lucha de clases que tendrá por
resultado, inscrito en las leyes de la historia, la sociedad sin
clases y la plenitud de todos. La doctrina neoliberal se opone
a la primera afirmación, ya que postula la armonía de los
intereses en lugar del conflicto, pero está de acuerdo con la
segunda, porque cuenta con las leyes naturales del mercado.
La voluntad colectiva, por un lado, y las voluntades individuales, por el otro, contribuyen a que se cumplan los desig-

nios previstos en el programa sin que se les oponga ningún límite interno. Si dejamos de lado estas visiones providencialistas de la historia, podemos fomentar la libertad de las voluntades, como quería Pelagio, pero poniéndoles un límite, como hacía Agustín, con la salvedad de que ese límite ya no es consecuencia de la fatalidad del pecado original, sino del interés común, que corresponde a la sociedad en la que vivimos. Ha llegado el momento de dejar atrás la alternativa estéril del todo o nada.

6

Populismo y xenofobia

EL ASCENSO DE LOS POPULISMOS

El primer principio de la democracia es que el pueblo es soberano. Sin embargo, como el progreso, como la libertad, el pueblo puede convertirse en una amenaza para la democracia, lo que pone de manifiesto la frecuente oposición entre pueblo y populacho, democracia y populismo. ¿De qué se trata? Empecemos por esbozar el estado de la cuestión.

En las últimas décadas observamos en Europa un fenómeno político nuevo: el espectacular ascenso de los partidos populistas. La transformación del paisaje político se aceleró desde el final de la guerra fría, como si la vida pública de un país necesitara un enemigo al que rechazar, y después de que desapareciera el rival comunista, la población debiera colocar sus miedos, sus inquietudes y sus rechazos en otro grupo cualquiera. Los extranjeros, sobre todo los musulmanes, serán objeto de los ataques de xenofobia e islamofobia. El inmigrante, personaje multiforme, ha ocupado el lugar de la amenaza ideológica anterior. Recordaré brevemente algunos ejemplos de este proceso, que afecta a casi todos los países de la Unión Europea.

En Holanda, un brillante populista, Pim Fortuyn, publicó un panfleto titulado *Contra la islamización de nuestra cultura* y fundó un partido que defendía sus ideas. En 2002, después de que un joven holandés lo asesinara, su partido obtuvo el diecisiete por ciento de los escaños del Parlamento. Según una encuesta realizada a los holandeses después de su muerte, era el hombre más importante de la historia del país, por delante de Rembrandt y de Spinoza. Unos años después, en 2007, apareció un nuevo tribuno, Geert Wilders, que dirigió una película de propaganda antiislámica y pidió que se prohibiera el Corán. Desde 2010 su formación apoya al gobierno del país, aunque no participa en él. Sin su apoyo, la derecha tradicional no tendría la mayoría en el Parlamento. Desde este punto de vista, la situación de Holanda se parece a la de Dinamarca hasta 2011, cuando el Gobierno de derechas se mantiene en el poder gracias al apoyo del Partido del Pueblo danés, dirigido por Pia Kjaersgaard, un partido que reivindica «Dinamarca para los daneses» y describe el islam como un cáncer. Entretanto, en Bélgica, el líder del partido Vlaams Belang (Interés Flamenco) declara: «El islam es el enemigo número uno no sólo de Europa, sino de todo el mundo». Este tipo de declaraciones repercute en los comportamientos cotidianos. Recordaré la breve crónica de un incidente que tuvo lugar en una cárcel del barrio de Forest, en Bruselas, cuando unos policías sustituían a los vigilantes, que aquel día estaban en huelga. «El 30 de octubre cuatro o cinco policías encapuchados pegaron a un detenido, lo metieron en el calabozo, lo obligaron a desnudarse y lo golpearon en la espalda y en los testículos. Según detalla el informe de la comisión de vigilancia, después obligaron al prisionero a repetir "El profeta Mahoma es un pedófilo" y "Mi madre es una puta".»[1] La prensa flamenca del país habla de un «Abú Graíb en Forest». ¿Habría sido contagioso el ejemplo?

En Suiza, el partido xenófobo de Christophe Blocher, que se oculta detrás del nombre Unión Democrática del Centro, dice en su propaganda que los extranjeros son ovejas negras que hay que expulsar del país. En 2009 consigue que se celebre un referéndum que aprueba la prohibición de construir minaretes en su bonito país. En Suecia, los demócratas nacionalistas, xenófobos e islamófobos entran en el Parlamento en 2010.

En Francia, en 2002, el jefe del Frente Nacional, Jean-Marie Le Pen, llegó a la segunda vuelta para las elecciones presidenciales, eliminando al candidato socialista. Recibió el dieciocho por ciento de los votos. Un popular novelista salió diciendo que el islam es la religión más idiota del mundo, y un periodista influyente afirmó que se sentía orgulloso de ser islamófobo. En 2011, Marine Le Pen, que ha sucedido a su padre, aspira a desempeñar un papel importante en la vida política francesa, y las encuestas le otorgan alrededor del veinte por ciento de la intención de voto en las próximas elecciones presidenciales. En Alemania, que hasta ahora parecía inmunizada contra estas tentaciones, aumenta también el resentimiento con-tra los inmigrantes. En Hungría, el partido de extrema derecha Jobbik hace una propaganda muy xenófoba (y en ocasiones antisemita).

En 2009 los representantes de estos movimientos se reunieron en Budapest, donde fundaron una Alianza de Movimientos Nacionales Europeos para coordinar sus actividades. El presidente es francés. De momento, estos partidos populistas y xenófobos no gobiernan en ninguna parte, aunque participan en el Gobierno, como la Liga del Norte en Italia, u ofrecen un apoyo indispensable a un Gobierno minoritario, como sucede en Holanda y en Dinamarca. En Francia, otros grupos asumen bloques enteros de su programa. En Alemania y en Gran Bretaña, la derecha en el poder se asegura el puesto recordando la amenaza islamista. Si esta evolución sigue la misma curva ascendente, estos partidos gobernarán Europa en un futuro próximo.

El populismo actual no supone el resurgimiento del fascismo, y todavía menos del nazismo. Su sentido histórico es otro. Su actual ascenso muestra que por fin se ha pasado una importante página de la historia del siglo xx. El ciclo que inició la Primera Guerra Mundial y que cerró la caída del muro de Berlín, que vivió el florecimiento y después el hundimiento de la utopía comunista, la toma del poder por parte de regímenes fascistas y nazis, y su posterior desaparición, ese ciclo que colocó en la palestra los totalitarismos y las democracias ha concluido en la actualidad. Las costumbres adoptadas entonces perduran, por supuesto, y seguimos oyendo llamadas a «luchar contra el fascismo» o a desconfiar de la «bestia inmunda», cuyo vientre parece todavía fecundo, pero estas proclamas sólo sirven para tranquilizar la conciencia de quienes las lanzan, para demostrarse a sí mismos que están sólidamente situados de parte del bien. Pero no. La guerra ha terminado de verdad, y el nuevo populismo no es el resurgimiento de las utopías de ayer. Por lo tanto, a todos nos interesa dejar de arrastrar el pasado e intentar observar el mundo actual.

EL DISCURSO POPULISTA

Señalemos ahora varias características de los discursos que ofrecen estas formaciones. Desde el punto de vista formal, podemos denominar su rasgo principal con el término *demagogia*, una práctica que en este caso consiste en identificar las preocupaciones de mucha gente y, para aliviarla, proponer soluciones fáciles de entender, pero imposibles de aplicar.

En ocasiones, el razonamiento que lleva al populismo es falaz. Es como si pretendieran que una analogía en un plano concreto puede necesariamente extrapolarse a todos los demás (tomo los ejemplos de los demagogos franceses). «Prefiero mis hijos a los hijos del vecino, y los del vecino a los de un desconocido. Por lo tanto, tengo todo el derecho del mundo a maltratar a los extranjeros y a privilegiar a los de mi país.» Este razonamiento se apoya en la confusión entre amor y justicia. Es cierto que quiero más a las personas cercanas a mí, pero la justicia es la misma para todos. También pueden argumentar: «Las razas humanas no son iguales. Ya veis que los negros ganan las competiciones de atletismo», con lo que se sobrentiende que nosotros somos más inteligentes. Aquí se presupone de entrada que todos los individuos de piel oscura forman una sola categoría biológica, y además se pretende que la jerarquía de los logros físicos legitima las jerarquías relativas a la inteligencia, una correlación que jamás se ha demostrado.

En otras ocasiones no quieren admitir que la solución que proponen obliga a pagar un precio: «Si salgo elegido, daré más medios a la policía, construiré más cárceles y daré un sueldo a las madres que se quedan en casa». Estas medidas cuestan mucho dinero, pero el mismo demagogo promete que reducirá los impuestos. «Si salgo elegido, cerraré las fronteras a los productos extranjeros que compiten con la producción nacional.» Lo que significa que los demás países podrían hacer lo mismo, pero ¿qué sucede si el nuestro exporta más que importa? Los demagogos se niegan a admitir ese principio fundamental de la política que dice que todo logro tiene un precio. Están dispuestos a prometer mayor seguridad para todos y al mismo tiempo más libertad, y no quieren reconocer que reforzar una de ellas puede comprometer la otra.

La demagogia, como su propio nombre sugiere, es tan antigua como la democracia, pero he comentado ya que en la época moderna ha recibido un formidable impulso gracias a las comunicaciones de masas, en concreto a la televisión. También los periódicos impresos se dirigen a todo el mundo, pero al menos podemos detenernos, releer un artículo y reflexionar. Los telediarios son muy rápidos y favorecen las frases cortas y claras, las imágenes impactantes y fáciles de retener. Al parecer, a nuestros contemporáneos les cuesta concentrarse durante más de un minuto. En este aspecto la contaminación es general. Sea cual sea el mensaje político que se quiera transmitir, de izquierdas, de derechas o de centro, sólo hay posibilidades de que se capte si se reduce a un eslogan fácil de recordar. La forma de la comunicación decide sobre su contenido, de modo que la televisión es en sí misma populista, y las personas a las que vemos hablando en ella suelen acabar siéndolo. Pero esta tendencia es especialmente acusada en los oradores extremistas. «Tres millones de parados, y tres millones de inmigrantes.» El demagogo no necesita formular la conclusión, porque ya lo hacen los espectadores, aunque en realidad expulsar a los inmigrantes en ningún caso acabaría con el paro. La televisión favorece también la seducción en detrimento de la argumentación. El demagogo tiene ventaja si tiene un aspecto afable o tranquilizador, si posee una bonita dicción, si emociona o hace reír. Sin una personalidad carismática, el populismo no tarda en sofocarse.

La demagogia es el modo en que se presenta el populismo. En cuanto a su contenido, gira alrededor de varias constantes. En primer lugar, el populismo se niega a alejarse tanto del aquí y el ahora como de los individuos concretos, y huye de las abstracciones, las distancias y el tiempo en favor de lo concreto, lo próximo, incluso lo inmediato. Mientras que el demócrata ideal intenta inspirarse en lo que Rousseau llamaba la voluntad general –una construcción hipotética de lo que en cada momento convendría más a todo el pueblo–, el populista se dirige a la multitud con la que está en contacto: un mitin en la plaza pública, los espectadores de un programa de televisión o los oyentes de uno de radio. Al demócrata no le queda más remedio que defender valores impopulares y preconizar sacrificios, porque le preocupan también las generaciones futuras, pero el populista actúa sobre la emoción del momento, necesariamente efímera. El demócrata está dispuesto a intervenir en favor de las minorías del país en nombre del interés general, pero el populista prefiere limitarse a las certezas de la mayoría.

El demócrata respeta las leyes y considera importantes los comités de reflexión y las comisiones de estudio, donde se dispone de tiempo para sopesar los pros y los contras, mientras que el populista se siente cómodo en las asambleas deliberativas, en las que la buena presencia, el discurso elocuente y las bonitas palabras pueden ganarse la adhesión. En 1968-1969 el populismo de izquierdas reinaba en la Universidad de Vincennes, que acababa de crearse. Recuerdo las decisiones que se tomaban votando a mano alzada en asambleas generales ruidosas y llenas de humo, en las que la posición más extrema siempre tenía más posibilidades de salir airosa. En cambio, recordemos que cuando Condorcert reflexionaba sobre el funcionamiento del régimen que llamamos democracia, llegaba a esta conclusión: «Lo que en todas las épocas señala la verdadera ilustración no es la razón particular de determinado hombre de genio, sino la razón común de los hombres ilustrados».[2] Esta frase evoca de forma indirecta tanto el peligro neoliberal –la tentación de dar más importancia al individuo brillante en detrimento de la razón común– como al tribuno populista, que en lugar de solicitar la opinión de los hombres y las mujeres ilustrados, prefiere conseguir el apoyo inmediato de la multitud.

Las grandes palabras y los ideales sublimes quedan para los demás, porque el populismo pretende preocuparse de los intereses cotidianos de todos. Los dramas de los demás pueblos y de los desconocidos lo dejan frío. Además, las soluciones que propone no pueden esperar, y los beneficios de las mejoras que sugiere deben materializarse en pocos días. Por esta razón, el populista prefiere la continuidad al cambio, que es un salto hacia lo desconocido. No es reformador, sino conservador. Da más importancia al orden que a las libertades, porque en cualquier caso el ciudadano corriente tiene pocas ocasiones de aprovecharlas, mientras que goza todos los días de la protección de su espacio, de sus costumbres tranquilas y de su identidad. Así, el populista recurre sistemáticamente al miedo, uno de los sentimientos humanos más elementales. Recluta a la mayoría de sus admiradores entre las personas relativamente menos formadas, que, al no conocer bien otros países, están en contra de «Europa» y de la «globalización». Su público habitual forma parte no de la clase más pobre, sino de la que teme acercarse a ella y unirse al grupo de los rechazados, los excluidos y los vencidos.

Respecto de las divisiones tradicionales del ámbito político, el populismo no se reconoce ni de izquierdas ni de derechas. Por lo que dicen sus portavoces, está con los de «abajo», con lo que los partidos tradicionales de izquierdas y de derechas se ven proyectados hacia un «arriba» poco atractivo. El populismo parece oponerse al elitismo, siempre y cuando se dé a este último una connotación peyorativa. El rechazo a las élites lo enfrenta directamente con las tradiciones democráticas, que favorecen la formación de élites en función del mérito. Pero otras fuerzas externas al ámbito central de la arena política, como la extrema izquierda o con más frecuencia en nuestros días la extrema derecha, suelen recurrir al populismo. Por esta razón, los impulsores de movimientos populistas suelen mirar con buenos ojos internet y las redes sociales, ya que esta difusión de la información escapa a todo control centralizado y al consenso democrático. Es una revancha de la periferia sobre el centro, del extremismo sobre la moderación. El discurso privado que circula en la red no debe someterse a las obligaciones que pesan sobre los discursos públicos. En Francia, los internautas que más visitan los sitios web políticos son los seguidores del Frente Nacional.

Los movimientos extremistas identifican en la vida pública del país a un responsable de todos sus males y lo señalan para que el pueblo se vengue. Los partidos no extremistas, o moderados, admiten la pluralidad, incluso la incompatibilidad de intereses en el seno de una sociedad, y aspiran a soluciones de compromiso negociadas, no impuestas por la fuerza. El adversario no se convierte en un enemigo, sino que se convive con él y no se le hace la guerra. Las fuerzas de extrema izquierda definen al enemigo culpable en el plano social: los ricos, los capitalistas y los burgueses. Para curar la sociedad, es preciso vencer a estos enemigos y hacerles «apoquinar», si no eliminarlos (hemos visto que las dictaduras comunistas pusieron en práctica este programa). La extrema derecha ya no se define por el anticomunismo ni por el racismo explícito fundamentado en las diferencias físicas visibles, porque el primero quedó en posición comprometida a medida que avanzaba la historia reciente, y el segundo ya no tiene razón de ser. La extrema derecha actual se define por su toma de posición xenófoba y nacionalista: todo es culpa de los extranjeros, de los que son diferentes de nosotros, así que echémoslos. Desde este punto de vista, y pese a algunos préstamos pasajeros tomados del vocabulario marxista, un movimiento como la ETA vasca, básicamente nacionalista, se emparenta políticamente con la extrema derecha.

No es el único efecto de los discursos populistas, pero sí uno de los más perniciosos: pese al principio de igualdad, una parte de la población se ve marginada y estigmatizada. Esta parte está formada por aquellos a los que se considera elementos externos desde la perspectiva administrativa (son extranjeros) o por sus características culturales (son extraños). Estos últimos pueden ser descendientes de extranjeros o tener actitudes que los singularizan, como practicar el islam en países de tradición cristiana.

LA IDENTIDAD NACIONAL

El populismo influye directamente en la vida política de los países dirigidos por partidos democráticos tradicionales. En Francia encontramos un buen ejemplo en la cuestión de la identidad nacional, que planteó el Gobierno entre 2007 y 2011. Durante la campaña presidencial de 2007 el candidato Sarkozy intentó despertar el espíritu populista lanzando la idea de un ministerio para defender la identidad nacional. Una vez elegido presidente, mantuvo su promesa. En 2009 este Ministerio de la Identidad Nacional (que habría podido llamarse Ministerio de Asuntos Islámicos, porque su mayor preocupación eran las poblaciones musulmanas) lanzó un «gran debate» que debía esclarecer el contenido de esta idea. Como los resultados no estuvieron a la altura de las expectativas, se suspendió el debate sin que hubiera beneficiado a nadie, salvo al Frente Nacional, que vio aumentar en su favor las intenciones de voto. En 2011 el ministerio en cuestión desapareció.

Para ilustrar los malentendidos en torno a este concepto,[3] pondré un ejemplo que conozco bien: el mío. Formo parte de las personas que nacieron en un país extranjero, pero un día se nacionalizaron francesas. Pero ¿qué significa ser francés?

La idea de trasladarme a Francia se me pasó por la cabeza por primera vez en 1962, recién licenciado por la Universidad de Sofía, cuando me enteré de que tenía la posibilidad de pasar un año en un país occidental. En ningún caso se trataba de emigrar definitivamente, sino de una estancia para continuar con mis estudios, de una inmersión en el mundo universitario extranjero. Elegí Francia, en concreto París, porque me seducía la imagen de una ciudad que es un cruce de caminos de las artes y las letras. Yo no era al único, evidentemente, y eso no me convertía en francés.

Cuando concluyó aquel primer año en París, había aprendido mucho. Había podido leer gran cantidad de libros inaccesibles en Bulgaria y dominaba mejor el francés, que se convirtió en la lengua de mi vida cotidiana. También hice amigos franceses –varios de ellos de origen extranjero–, y gracias a ellos descubrí algunos paisajes franceses. Como muchos otros extranjeros en mi situación, presumía de haberme convertido en un experto en costumbres francesas. Quería probar todos los quesos y, en la medida de mis posibilidades (modestas), todos los vinos. Decidí entonces quedarme dos años más para sacarme otro título. Pero eso no me convertía en francés.

Cuando acabaron aquellos dos años, me había casado con una francesa y había empezado a ganarme la vida en Francia. También mis intereses profesionales habían evolucionado. Me interesaba cada vez más el debate público sobre la vida moral y política que se desarrollaba en el que se había convertido en mi país de residencia, y que tocaba temas de los que no se podía debatir en Bulgaria, porque toda la vida pública estaba sometida a los ucases del régimen comunista. Los grandes principios que reivindicaba Francia, aunque en la práctica algunas veces se transgredían, me parecían preferibles. El Estado de derecho era superior al reino de lo arbitrario y de la corrupción, proteger las libertades individuales tenía más valor que la vigilancia permanente a la que estaban sometidos los ciudadanos de los países totalitarios, y el respeto a la dignidad de todos me gustaba más que la antigua mentalidad patriarcal y los privilegios que poseían las nuevas castas políticas. Pero todos estos cambios internos no me convertían en francés. Además había muchos otros países en los que los ciudadanos gozaban de los mismos privilegios.

Adquirir una nueva identidad cultural es un proceso que puede durar indefinidamente. Sin embargo, la pregunta «¿Cuándo me convertí en francés?» tiene una respuesta muy sencilla. Basta con aludir a mi ciudadanía, que, a diferencia de mis preferencias políticas y de mis inclinaciones culturales, depende de la Administración, y por lo tanto indirectamente del Gobierno y del Parlamento. Y ese cambio tuvo lugar el día en que, diez años después de haber llegado a Francia, un decreto de la República me concedió la nacionalidad francesa. Desde ese momento, en contrapartida a los derechos que Francia me concedió, mis deberes cívicos me unen más a este país que a cualquier otro. En cuanto a mi identidad privada, es cierto que ha pasado a ser un poco más francesa, pero no exclusivamente. No puedo olvidar los veinticuatro primeros años de mi vida, y gracias a ellos mantengo también una mirada externa sobre Francia, o atribuyo a la cultura de este país cosas que a algunos franceses autóctonos les parecen naturales. Más que francés, en ocasiones me siento habitante de una ciudad determinada, incluso de un barrio. Otras veces, por el contrario, me siento ciudadano de todo el continente europeo. Sin embargo, de lo que estoy seguro es de que no querría un ministerio en el que los funcionarios decidieran por mí lo que debo pensar, creer y querer.

Ni el Ministerio de la Identidad Nacional ni el debate al respecto sirvieron para aclarar el tema, pero contribuyeron por una parte a hacer más difícil que los extranjeros y sus descendientes se integraran, y por otra a tranquilizar a parte de la población autóctona, porque le señalaron a los responsables de todo lo que va mal en su vida. Se reforzó el populismo en detrimento de la democracia.

ABAJO LA MULTICULTURALIDAD: EL CASO ALEMÁN

Desde el otoño de 2010 asistimos en Europa a otra manera de aludir al «problema» de los extranjeros. En esta ocasión se trata del ataque concertado contra la «multiculturalidad», es decir, la coexistencia de varias culturas en una sociedad, ataque que dirigen los jefes de algunos Gobiernos de derechas. La pauta la marcó la canciller alemana Angela Merkel, que afirmó en octubre de 2010: «Decir que un buen día ya está, nos hacemos multiculturales, vivimos juntos, y todo el mundo contento, ha sido un fracaso, un fracaso total». En febrero de 2011 se reunieron con ella varios colegas de otros países. El primer ministro de Gran Bretaña, David Cameron, constató: «En nombre de un Estado multicultural, hemos incentivado que las diferentes culturas llevaran vidas separadas, aisladas unas de otras y apartadas de la cultura principal [*mainstream*] [...] Creo que ha llegado el momento de pasar la página de estas políticas del pasado, que han fracasado». El primer ministro de Holanda, Mark Rutte, comentó también «el fracaso de la multiculturalidad» en su país y la necesidad de «cerrar las fronteras a los desfavorecidos». Por último, el presidente francés, Sarkozy, unió su voz a este coro afirmando que «la multiculturalidad es un fracaso» y que hay que obligar a los inmigrantes a «integrarse en la comunidad nacional». ¿Cómo se explica esta unanimidad de los jefes de Estado europeos?

Poco antes de estas intervenciones, en Alemania había tenido lugar un apasionado debate a propósito del libro de Thilo Sarrazin *Alemania se desintegra*. El autor, un alto funcionario del banco central y miembro del partido socialdemócrata, gozó de una promoción excepcional: el semanario *Der Spiegel* publicó un adelanto de cinco páginas con los pasajes más polémicos del libro. Durante toda una semana el periódico popular *Bild* ofreció al autor una página para que expusiera sus opiniones. El resultado superó todas las expectativas: en febrero de 2011 se habían vendido un millón doscientos mil ejemplares del libro, cifra totalmente excepcional. Un sondeo mostró que más del cincuenta por ciento de la población estaba de acuerdo con sus tesis, y que el quince por ciento decía estar dispuesto a votar a un nuevo partido que defendiera las ideas de Sarrazin. Lo que más preocupa al autor de este libro no es rechazar la multiculturalidad. Parte de dos constataciones que él cree que se apoyan en gran cantidad de estadísticas. En primer lugar, los alemanes de pura cepa tienen pocos hijos, y los inmigrantes musulmanes tienen muchos más. En segundo lugar, el nivel intelectual del primer grupo es mucho más elevado que el del segundo. «No vemos ningún potencial intelectual especial en los inmigrantes musulmanes [...] Los inmigrantes de Oriente Próximo [es decir, los turcos] tienen taras genéticas», y la inteligencia es hereditaria. Sarrazin confronta estos datos con un objetivo que para él es evidente: es mejor para un país tener ciudadanos «con un elevado nivel de educación». Tal y como están actualmente las cosas, Alemania corre el peligro de evolucionar en sentido contrario. La conclusión se impone por sí misma: es preciso «detener la inmigración procedente de Oriente Próximo y de África». En lugar de obligarles a pasar un test de inteligencia, procedimiento laborioso y costoso, bastaría con verificar si son musulmanes, porque profesar esta religión es en sí mismo una prueba de estupidez... Además hay que intentar que se vayan de Alemania los inmigrantes que han logrado entrar. Rechazar la multiculturalidad es una de las medidas que deben contribuir a ello. Sarrazin no quiere oír hablar en turco por las calles de su ciudad y entiende que se muestre hostilidad con las mujeres que se cubren la cabeza con un pañuelo.

En el siglo XIX Gobineau tenía una visión trágica de la evolución de la humanidad. Pensaba que las razas más fuertes siempre vencen a sus adversarios, pero, al reinar sobre ellos, se ven obligadas a mezclarse, y por lo tanto a debilitarse. La teoría de Sarrazin también es pesimista: «Las personas más brillantes son las que tienen menos niños», cree constatar, de modo que el descenso de la reproducción pone en peligro el avance de la inteligencia. La fuerza se convierte en el origen de la debilidad. Esta paradoja no es el único punto débil de su razonamiento. Varias de sus premisas, que presenta como evidencias, son más que discutibles, como la de que la inteligencia es hereditaria y la elección del islam como indicio de tara mental. Ningún estudioso puede corroborar estas escuetas frases, que sin embargo presenta como conocimiento científico. Si los rasgos culturales se transmitieran básicamente por la genética, ¿no debería preocupar a la población actual alemana ser descendiente de las multitudes pro nazis? Por otro lado, ¿es de verdad tan evidente que la educación superior sea la única cualidad deseable para el bienestar de una sociedad? ¿No deberíamos favorecer que surgieran también otras cualidades (en las que no se hubiera establecido la inferioridad de los turcos...), como la bondad, la dulzura, la compasión, incluso la equidad, el valor y el cuestionamiento de la autoridad? Nos deja perplejos con qué facilidad los admiradores de Sarrazin legitiman sus visiones eugenistas.

La primera reacción de Merkel a estas tesis fue considerarlas «hirientes y difamadoras», pero al cabo de un mes, quizá consciente del éxito que había tenido el libro y de que su popularidad caía de forma inquietante a medida que se acercaban las elecciones, volvió a tratar el tema ante los jóvenes militantes de su partido. Aunque no asumió las elucubraciones genéticas y antropológicas de Sarrazin, se centró en lo que probablemente explica su éxito: el rechazo de buena parte de la población a las personas de una cultura diferente. Tras afirmar que la multiculturalidad había fracasado, recordó que «lo que aquí se aplica es la Constitución, no la *sharia*», y por lo tanto tenemos derecho a «exigir» algunas cosas a los inmigrantes. El principio que Merkel reivindica se explicita de la siguiente manera: «Nosotros nos sentimos vinculados a los valores cristianos. El que no lo acepte no tiene sitio aquí». Más o menos en el mismo momento otro importante político alemán, Horst Seehofer, ministro presidente de Baviera, afirmó que Alemania no necesitaba «inmigración de otros medios culturales», y remató diciendo: «Defendemos la cultura directriz *[Leitkultur]* alemana y estamos en contra de la multiculturalidad».

Intencionadamente o no, los dirigentes alemanes confunden aquí dos niveles de realidad cuyo carácter específico acabo de recordar: las leyes y la cultura, el ámbito público y el privado. La multiculturalidad no es un proyecto político, sino un hecho. Toda sociedad posee en sí varias culturas. Por otra parte, la exigencia de reconocimiento y de defender el Estado de derecho, la libertad de expresión y el rechazo de la violencia son principios que contempla tanto la Constitución alemana como la de la mayoría de las democracias, y tenemos todo el derecho a exigir que se respeten. Pero apelar a los «valores cristianos» no es pertinente. Sin duda son muchos los alemanes marcados por la tradición cristiana, pero sólo una parte de su legado fue asumido en la ley fundamental, que es la única que puede imponerse a todos los habitantes del país. Debe considerarse que determinado principio es obligatorio no porque sea de origen cristiano, sino porque forma parte de los principios democráticos, que además tienen más que ver con el pensamiento ilustrado que con determinada tradición religiosa. Sugerir que los que no respetan el cristianismo deben marcharse del país es una extravagancia, porque muchos alemanes de pura cepa se verían obligados a exiliarse.

GRAN BRETAÑA Y FRANCIA

El primer ministro británico, David Cameron, expresó su opinión sobre el tema de la multiculturalidad en una conferencia internacional sobre la seguridad. Adopta la perspectiva general de la lucha antiterrorista y hace un análisis psicológico del futuro terrorista. La primera premisa de su silogismo es la certeza de que todo ser humano necesita formar parte de un colectivo cultural. La segunda, la constata-

ción de que la identidad cultural británica ha perdido su
impulso y su seguridad. La conclusión es que los hijos de
los inmigrantes no pueden integrarse en ella, y al sentirse
desarraigados, se vuelcan hacia grupos islamistas, primer
paso para que los recluten las redes terroristas. Así, rechazar
la multiculturalidad vuelve a ser una fórmula de la que se
apropia el temor al islam. Es cierto que Cameron rodea este
razonamiento de precauciones y precisiones. Dice que no
debe confundirse el islam, una religión, con el islamismo, un
movimiento político, ni el fundamentalismo islámico con el
terrorismo tipo Al Qaeda. Añade que hay que desconfiar de
las expresiones demasiado generales, como «choque de civi-
lizaciones», y aceptar que se construyan mezquitas donde
los fieles lo pidan. Pero ¿debemos aceptar el análisis de las
razones que llevan a los hijos de los inmigrantes al terrorismo? La gran mayoría de los testimonios de que disponemos
muestra en principio no un vacío existencial, sino el resentimiento, producto de la humillación que sufre un grupo al
que se sienten próximos. En este caso, la humillación de que
el ejército británico haya ocupado países musulmanes como
Irak y Afganistán.

Cameron saca varias consecuencias de lo que cree haber
demostrado, y todas ellas consisten en rechazar la multiculturalidad. Con este fin diferencia entre la tolerancia pasiva,
en la que el Estado se limita a exigir que se obedezcan las
leyes, y la democracia activa, liderada por un «liberalismo
enérgico» que defiende determinados valores. Pero los valores que enumera –libertad de expresión, democracia e igualdad de derechos– no son más que lo que fundamenta las leyes tanto de su país como de muchos otros. Una vez más, se
acusa a la multiculturalidad porque se confunden las leyes
con la cultura. Es verdad que en algunos barrios de Gran
Bretaña se había propuesto convertir la *sharia* en la ley, pero
en este caso saldríamos del ámbito de la cultura y entraría-
mos en el del derecho. También es verdad que en este país, a
diferencia de Alemania y Francia, se ha apuntado otro sentido de «multiculturalidad», que ya no describe un estado

real, sino que alude a una política activa que incentiva la separación de culturas, que el individuo se encierre en su tradición de origen y que se rechace la idea de un marco cultural común. Desde esta perspectiva, podemos aceptar la decisión de Cameron de dejar de subvencionar a organismos que defienden el terrorismo, incluso que sencillamente rechazan los derechos humanos, la libertad de conciencia y la soberanía del pueblo.

El presidente francés expresó su rechazo a la multiculturalidad en una entrevista televisada de febrero de 2011. Este rechazo es enigmático. Si por esta palabra se entiende la pluralidad de culturas en Francia, siempre ha estado presente y seguirá estándolo. Si se trata de políticas voluntaristas que incentiven la separación de culturas, las buscaríamos en vano en la historia de este país. Los ejemplos concretos de comportamientos que habría que proteger contra la oleada multicultural son «que las niñas sean libres de ir a la escuela», «la igualdad de hombres y mujeres» y la prohibición de la poligamia, pero las leyes de la República ya se ocupan de estas cosas, y se exige a todos los habitantes que las respeten. Eso no quiere decir que los comportamientos siempre se ajusten a ellas, como muestra, por ejemplo, al margen del contexto multicultural, la desigualdad entre hombres y mujeres, tanto en sus respectivos sueldos en las empresas como en su representación en la Asamblea nacional, pero en todo caso contamos con las herramientas jurídicas necesarias. Por otra parte, sin duda podemos lamentar que los musulmanes ocupen las aceras para rezar (tema que ha retomado el Frente Nacional), pero para evitarlo habría que facilitar que se construyeran mezquitas. Y a medida que avanzamos, observamos que la única «cultura» en la que se piensa cuando se rechaza la multiculturalidad es el islam. Jamás se mencionan las comunidades judía, china o vietnamita, que sin embargo están mejor organizadas.

Por último, cuando el presidente de la República francesa afirma que «la comunidad francesa no quiere cambiar su modo de vida, su estilo de vida», nos preguntamos si su opinión refleja realmente la de la población. El modo de vida de los franceses ha cambiado de forma espectacular en los últimos cien años a consecuencia de muchos factores, como el retroceso de la agricultura y el aumento de la urbanización, la emancipación de las mujeres y el control de la natalidad, las revoluciones tecnológicas y la organización del trabajo. A este respecto, el contacto con las poblaciones extranjeras es un factor más bien marginal, y la cultura que más influye en Francia es con mucho la de Estados Unidos.

SOBRE EL PAÑUELO

Pondré dos ejemplos recientes en los que el Estado francés intervino para erradicar todo rastro de multiculturalidad. En 2010 se aprobó una ley para prohibir que se llevara burka en todo el espacio público, incluidas las calles y las tiendas. Las mujeres que no la cumplieran serían multadas. Este modelo francés encontró ecos favorables en otros países europeos, como Bélgica, Alemania y Suiza, y varios municipios italianos habían ya previsto sanciones similares. En primavera de 2011 una carta pública del ministro de Educación Nacional amplía este control del espacio público. Indica que las mujeres que lleven un pañuelo islámico ya no podrán acompañar a sus hijos en las salidas escolares, como hacen los demás padres.

La primera prohibición se fundamenta en varios argumentos. Uno de ellos es que el velo integral es un signo de alienación, y que las mujeres que lo llevan se liberarían si se lo quitaran. Parece que no caen en la cuenta del carácter intrínsecamente contradictorio de este supuesto: ¿cómo vamos a favorecer la libertad individual sancionando algo que es producto de la libre elección de un individuo? Sin duda podemos lamentar que existan estas prácticas, pero cuando luchamos contra ellas por la fuerza, no ampliamos la libertad de quienes las eligen, sino que la disminuimos, a menos que consideremos que algunas personas no merecen gestionar su vida por sí mismas, que son como menores de edad, enfermos mentales o prisioneros privados de sus derechos, que deben someterse a las decisiones de los demás. Estos individuos reducidos a la minoría de edad hacen pensar en los Estados a los que tampoco se considera capaces de gestionar sus asuntos y que necesitan que intervengan los ejércitos de los países occidentales. Curiosamente, tanto unos como otros son musulmanes... Sin embargo, la libertad individual y la igualdad de derechos son principios fundamentales del Estado democrático.

Además, no está nada claro que prohibir a estas mujeres que lleven velo integral implique eliminar lo que los occidentales consideran su cárcel. Más bien parece que podrían encerrarse en sí mismas, y por lo tanto que tendrían menos posibilidades de conocer a personas que podrían influir en su visión del mundo. Se les exige que «se integren» y a la vez se las castiga cada vez que salen a la calle, aunque sea para ir al médico o al abogado, incluso para ir a buscar un simple papel administrativo, en definitiva, cuando intentan participar en la vida pública.

El segundo argumento tiene que ver con la seguridad común. Dicen que una mujer con velo integral podría esconder un kalashnikov y atracar un banco a mano armada, incluso que podría robar a un niño en esa salida escolar. La verdad es que no hemos oído hablar de ningún caso de este estilo, pero si de verdad se quieren evitar estos accidentes, basta con reglamentar los casos concretos en que es indispensable que pueda reconocerse el rostro. No hay ninguna necesidad de aprobar una ley cuyo efecto real no es mejorar la protección de los bancos, sino aumentar la estigmatización del islam y de los que lo practican. Y si el peligro público de esta elección en la forma de vestir es nulo, ¿cómo justificar el hecho de que se prive a esas mujeres de una libertad tan elemental que ni siquiera somos conscientes de ella, la de poder elegir la ropa que nos ponemos?

La prohibición de acompañar a sus hijos en las salidas escolares, que todavía no es una ley, se fundamenta en una serie de desplazamientos por contigüidad. En primer lugar, se considera que, en las escuelas laicas, debe prohibirse todo signo visible de filiación religiosa. Acto seguido, se amplía la idea de espacio escolar a todas las actividades que organicen las escuelas, por ejemplo ir a un museo o a un parque, en las que suele pedirse a los padres que participen, y por lo tanto también ellos deben eliminar todo atributo religioso. Por último, se reduce el pañuelo de las mujeres a una llamada a las prácticas religiosas y se concluye que en la escuela no hay que hacer proselitismo, de modo que no puede haber madres con pañuelo en las salidas escolares. Por más que digan que el pañuelo no es un símbolo religioso, sino parte de su identidad cultural, y que no pueden quitárselo sin humillarse, quedan apartadas.

Las escuelas que defienden esta prohibición a las madres musulmanas (y que recibieron el apoyo del ministro) no ven el menor problema. «Las salidas escolares forman parte de la escuela, y cuando se está con los alumnos, no debe mostrarse la filiación religiosa.»[4] Si se acepta esta exageración, nos preguntamos por qué limitarse a las salidas escolares. ¿No debería prohibirse llevar signos religiosos también en casa para impedir que los niños conozcan las opciones religiosas de sus padres y puedan influir en sus futuras decisiones? ¿De verdad creen que ver a una mujer con pañuelo basta para que el alumno ya no pueda acceder a los «valores republicanos»?

Vemos que se pone en práctica una concepción «enérgica» o «firme» de la laicidad, que ya no consiste en separar la Iglesia del Estado para impedir que una de las dos dicte las decisiones de la otra y garantizar la coexistencia pacífica de diferentes creencias, sino en limpiar el espacio público de todo rastro de filiación religiosa. Al hacerlo, se pone de manifiesto una curiosa concepción de lo que es la persona. Se reconoce su identidad física, pero se prefiere pasar por alto sus características mentales. Ahora bien, rebajar al individuo humano al nivel de animal reduce su dignidad. Se le acepta en el espacio común sólo si se despoja de lo que él considera su identidad, que adquirió durante su infancia o eligió más tarde, interactuando con su entorno. El individuo laico al que se imagina aquí es un ser abstracto, sin características culturales, cuando la cultura forma parte de la naturaleza humana. En definitiva, decimos a los musulmanes (puesto que esa conminación no se dirige a los judíos ortodoxos, a los sijes, etc.) que seremos tolerantes con ellos siempre y cuando se vuelvan como nosotros, tanto en sus convicciones íntimas como en sus costumbres en el vestir y en la comida.

Una vez más, el resultado de estas prohibiciones es el contrario al que se buscaba. Las madres estigmatizadas ya no se sentirán bien recibidas en la escuela y no podrán transmitir una imagen positiva de la misma a sus hijos. Las minorías de origen extranjero volverán a sentirse obligadas a encerrarse en sí mismas, a quedarse fuera de la comunidad nacional que dice querer «integrarlas».

Al pasar revista a los argumentos que se esgrimen contra la multiculturalidad –a la que acusan unas veces de perjudicar a las mujeres, otras de alimentar el terrorismo, y otras de incentivar la estupidez–, observamos que se utiliza esta palabra en lugar de otra o varias otras. A menudo nos da la impresión de que los políticos europeos han aprendido la lección de los profesionales de la manipulación política. Eligen los términos del debate no en función de las necesidades vitales de la población, sino para atraerse la simpatía de algunos electores. Hemos visto también que las controversias públicas en Estados Unidos se centran más en problemas de las costumbres, como el aborto y el matrimonio homosexual, que en el paro y los préstamos bancarios irresponsables. El debate sobre la multiculturalidad, después del de la identidad nacional, parece una manera de desviar la atención de otros problemas muy reales (sociales y económicos), pero más difíciles de resolver. Es verdad que así se aseguran fácilmente la fidelidad de un sector de la población, que encuentra en los inmigrantes a un cómodo chivo expiatorio. Una vez más, la que se resiente es la democracia.

Los discursos generales de los dirigentes políticos sobre la multiculturalidad pueden también tener consecuencias indirectas trágicas, como puso de manifiesto lo que ocurrió en Noruega en el verano de 2011. El 22 de julio, un noruego de pura cepa, Anders Behring Breivik, de treinta y dos años, cometió dos atentados. En primer lugar voló un coche lleno de explosivos en el barrio de los ministerios de Oslo, lo que provocó la muerte de ocho personas. Poco después se dirigió a una isla cercana, en la que se celebraba una reunión de jóvenes militantes del partido laborista, que actualmente dirige el país. Una vez allí, se dedicó a ejecutar sistemáticamente a todos los asistentes. Cuando lo arrestaron, los cadáveres ascendían a setenta y seis. Unas horas antes de que empezara su acción, Breivik había colgado en la red un extenso manifiesto (de 1.518 páginas) en el que explicaba las razones y los objetivos de su acto.

Para este asesino en serie, Europa en general y Noruega en particular corren el peligro de ser invadidas por los musulmanes, que no tardarán en destruir la identidad cultural tradicional de sus pueblos. Para obstaculizar el camino de la yihad, que ve por todas partes, es preciso un gesto fuerte que sacuda las mentes y despierte a estos pueblos dormidos, y ése es precisamente el sentido de su acto asesino. Los musulmanes son demasiado numerosos en Europa para poder eliminarlos mediante este tipo de acciones, pero hay que cerrar ya las fronteras, obligar a los que viven aquí a integrarse totalmente y por último deportar a los recalcitrantes. En cambio, sí es posible golpear a los que favorecen la «ocupación» de Europa occidental. Se trata de los dirigentes políticos de izquierdas (todos marxistas...) y las élites intelectuales que defienden la multiculturalidad y la tolerancia frente a la diversidad, autores de un discurso antirracista políticamente correcto. Merecen la muerte por su delito.

Debemos dejar de lado el delirio individual de este manifiesto, así como el hecho de que su autor sea incapaz de trazar una frontera clara entre lo que presenta como una ficción y su paso a la acción, entre los videojuegos, de los que es un apasionado, y la ejecución de seres humanos reales. Pero al mismo tiempo este delirio no surge en un vacío político y cultural, sino que está en consonancia con el discurso de los actuales partidos populistas de extrema derecha. El propio Breivik fue durante diez años miembro del Partido del Progreso noruego, una formación antiinmigrantes e islamófoba que en las últimas elecciones obtuvo el veintitrés por ciento del voto popular y se convirtió en el segundo partido del país. Lo dejó porque le parecía demasiado lento e indeciso en su lucha contra la multiculturalidad. El manifiesto está trufado de referencias a otros grupos de extrema derecha, europeos y norteamericanos, que presentan la invasión musulmana como el peligro inminente de que Europa se convierta en Eurabia y llaman a luchar sin piedad contra ella (aunque de momento no han podido encontrar un solo documento que demuestre el complot, una especie de *Protocolo de sabios de La Meca*...). Wilders, en Holanda, se hizo famoso por comparar el Corán con *Mein Kampf*, de Hitler, y la amenaza islámica con la ocupación nazi durante la Segunda Guerra Mundial. Breivik, que lo nombra, se limita a poner en práctica lo que defiende en la teoría el populista holandés. ¿No debemos enfrentarnos a estos nuevos nazis que nos atacan? Otros oradores afirman que el antirracismo es un peligro tan grande para la Europa actual como lo era antes el comunismo. ¿Qué tendría de erróneo ofrecer resistencia a estos nuevos totalitarios? Por último, como acabamos de ver, los dirigentes de los grandes países europeos condenan de forma unánime la multiculturalidad o proclaman que es un fracaso. Breivik tomó sus discursos al pie de la letra.

Llaman la atención las similitudes entre este terrorista solitario y los islámicos, responsables de atentados antioccidentales, como la destrucción de las torres gemelas en Nueva York en septiembre de 2001. Tanto uno como los otros buscan ante todo sacudir al gran público mediante una acción espectacular que les parece tan justa que están dispuestos a sacrificar su vida, o al menos a arriesgarla. Tanto uno como los otros toman sus argumentos de predicadores inflamados que se limitan a lanzar anatemas y a justificarlas por los nobles objetivos que persiguen: defender la democracia en Europa y que reine la justicia en la tierra. Uno y otros actúan fríamente, con determinación, y preparan sus acciones durante años. Se hacen granjeros para poder comprar componentes de explosivos sin levantar sospechas y se sacan títulos de ingeniero y permisos para pilotar aviones... Por la obstinación con la que llevan a cabo sus macabros proyectos, estos enemigos declarados se parecen como si fueran hermanos.

UN DEBATE PUEDE ESCONDER OTRO

En su inmensa mayoría, los seres humanos necesitan una identidad colectiva y sentir que forman parte de un grupo identificable. Algunos individuos logran liberarse de esta necesidad, pero un pueblo no puede permitirse este lujo, porque el sentimiento de pertenencia confirma la existencia de todos. Mientras el grupo se mantiene más o menos estable, el individuo puede no darse cuenta y creer que es fácil prescindir de él. Sin embargo, basta que el grupo empiece a cambiar rápidamente, con más razón si pierde algunos privilegios de los que gozaba, para que sus miembros se sientan en peligro e intenten protegerse, sobre todo apartando a los demás. En la actualidad, los autóctonos europeos sienten que su identidad tradicional se tambalea, pero las interpretaciones de este sentimiento divergen.

¿La verdadera razón de su inquietud es la mayor presencia de extranjeros? Cabe pensar que reside más bien en la acción conjunta de dos procesos de gran envergadura: el ascenso imparable del individualismo y la aceleración de la globalización. Por un lado, se diluyen las identidades colectivas debido a la subdivisión al infinito y a que las normas comunes ceden su lugar a las opciones personales, una tendencia que se ha extendido en Europa desde 1968 con la liberación sexual, el retroceso de las religiones y el hundimiento de las utopías. Por otro lado, se incluyen identidades tradicionales en grupos más amplios, como la Unión Europea, o se desdibujan ante la economía globalizada, emancipada de las fronteras de los Estados, evolución que ilustran, sobre todo desde la caída del muro de Berlín, las empresas multinacionales, los traslados de las empresas a otros países y la fluidez de los capitales. Este doble movimiento, de considerable poder, es la matriz común de comportamientos tan opuestos como las cruzadas antimusulmanas del populista Geert Wilders en Holanda y las prédicas antioccidentales de los salafistas en Egipto. Pero el individualismo y la globalización son abstracciones intangibles, mientras que los «extranjeros» están entre nosotros y es fácil identificarlos, porque a menudo tienen la piel oscura y sus costumbres son extrañas. Es grande la tentación de ver en ellos la causa de todo lo que ha cambiado a nuestro alrededor, cuando son sólo un síntoma.

Otra razón de inquietud colectiva es la evolución de la autoridad en nuestras sociedades, en algunos aspectos comparable a la de la identidad. El debilitamiento de la autoridad tradicional es efecto del gran movimiento que constituye nuestra modernidad, la afirmación de la autonomía individual. Todos quieren ser juzgados en función de normas que asumen libremente, no por normas que les imponen de fuera. Ahora la voluntad popular puede revocar las normas tradicionales. El aborto era un crimen, pero hoy en día lo cubre la seguridad social. La religión se ve obligada a renunciar a su papel de proveedor de los valores sociales. Sabemos que en siglo xx determinados regímenes autoritarios o totalitarios quisieron frenar e invertir esta evolución de la historia volviendo a someter al individuo al cuerpo social, pero, tras haber provocado gran cantidad de sufrimiento, este paréntesis ha quedado hoy en día cerrado, y la autonomía de los individuos se afirma más que nunca.

En una democracia todos somos iguales ante la ley, pero la ley está lejos de cubrir todas las relaciones humanas que forman la vida social. Si trasladamos automáticamente el modelo democrático e igualitario del ámbito político al antropológico, de lo público a lo privado, pasamos por alto las relaciones jerárquicas de la sociedad. Desde 1968 se ha afirmado a menudo que está prohibido prohibir, olvidando que no existe sociedad sin prohibiciones, sin normas y por lo tanto tampoco sin subordinación. La frase «los hombres nacen libres e iguales» es producto de una mentalidad generosa y puede estar al servicio de objetivos loables, pero desde el plano antropológico se opone a la verdad. Los hombres nacen dependientes y débiles, y sólo adquieren determinadas formas de libertad y de igualdad al hacerse adultos. Autonomía política no significa independencia y autosuficiencia sociales. Este contrasentido en las representaciones actúa a su vez en nuestro mundo y destruye un poco más las relaciones de autoridad.

El lugar en el que este desconocimiento es más flagrante siguen siendo probablemente las relaciones entre distintas generaciones, como entre padres e hijos (pero también entre profesores y alumnos en la escuela, porque ambas están relacionadas), que no podríamos medir por el rasero de la igualdad. En la especie humana, todavía más que en las demás especies animales, durante largos años la supervivencia física de los niños depende de los cuidados que les prodigan los adultos. Lo físico se prolonga al plano mental, porque, gracias a la interiorización del otro –del adulto, del padre–, el niño adquiere conciencia de sí, es decir, del mundo propiamente humano. Por último, el amor de sus padres es lo que da al niño confianza en sí mismo y lo prepara para afrontar las decepciones que inevitablemente sufrirá en su vida de adulto. A lo largo de toda su infancia, la relación entre ambos es asimétrica y desigual. Los padres son responsables del niño, poseen un saber y una experiencia que deben intentar transmitir y que ofrecen sin esperar recompensa. Ponen límites a la libertad del niño, límites que le permiten forjarse una identidad. En pocas palabras, el niño dispone de una autoridad por encima de él a la que renunciará a medida que vaya adquiriendo autonomía.

Nuestras sociedades contemporáneas se caracterizan por olvidar cada vez más el papel constitutivo de la familia, que a menudo se considera una mera molestia, sólo útil cuando uno no se gana la vida, y por renunciar a asumir esta función de autoridad, en especial la de la figura a la que se atribuía tradicionalmente, el padre. La igualdad social de los sexos –cada vez mayor, aunque esté lejos de ser general– empaña también los contornos de este papel. La situación se agrava en los casos en los que la madre cría sola a los hijos. También es más difícil en muchas familias de inmigrantes, porque los padres de la «primera generación» manejan mal los códigos de comportamiento de la sociedad de acogida, a menudo no hablan ni escriben bien su lengua y tienen trabajos mal pagados y de poco prestigio. De golpe, aunque estén presentes físicamente, para sus hijos ya no tienen autoridad. Esta desaparición del papel regulador de la familia provoca el llamamiento –populista– a reforzar más la policía, a construir más cárceles, a castigar con más dureza todas las infracciones y en general a apelar a la justicia para toda cuestión de autoridad. Por supuesto, es una solución ilusoria, porque la policía no puede sustituir a las familias.

En nuestros días se inventan nuevas formas de autoridad. Es demasiado temprano para hacer balance, pero algo es seguro: renunciar a ejercer toda autoridad en la familia crea más problemas de los que resuelve.

EL INTERCAMBIO CON LOS EXTRANJEROS

Antes de la época contemporánea el mundo jamás había conocido una circulación tan intensa de poblaciones, ni encuentros tan numerosos entre personas de países diferentes. Las razones de este movimiento de los pueblos y de los individuos son múltiples. La aceleración de la comunicación aumenta la notoriedad de los artistas y los eruditos, de los deportistas y de los que militan por la paz y la justicia, y los pone en contacto con personas de todos los continentes.

La rapidez y la facilidad de los viajes incitan a los que viven en países ricos a hacer turismo masivo. Por su parte, la globalización de la economía obliga a sus élites a trasladarse a todos los rincones del planeta, lo que empuja a los obreros a desplazarse a lugares en los que pueden encontrar trabajo. La población de los países pobres intenta por todos los medios acceder al bienestar de los países industrializados para adquirir unas condiciones de vida decentes. Otros escapan de la violencia que asola su país, las guerras, las dictaduras, las persecuciones y los atentados terroristas. A estas causas de los desplazamientos de poblaciones se suman desde hace unos años los efectos del calentamiento climático, de las sequías y de los ciclones que provoca. Según el alto comisario de las Naciones Unidas para los refugiados, por cada centímetro que aumente el nivel del mar habrá cientos de miles de desplazados en el mundo. El xxi se anuncia como el siglo en el que muchos hombres y mujeres tendrán que marcharse de su país de origen y adoptar de forma provisional o duradera el estatus de extranjero.

Todo país diferencia entre sus ciudadanos y los que no lo son, es decir, precisamente los extranjeros. Unos y otros no tienen ni los mismos derechos ni los mismos deberes. Los extranjeros deben someterse a las leyes del país en el que viven, aunque no participen en su gestión. Sin embargo, no dejan de ser hombres y mujeres como los demás, que albergan las mismas aspiraciones y sufren las mismas carencias, sólo que la miseria los golpea con más frecuencia que a los demás y lanzan a su alrededor una llamada de ayuda. Y eso nos concierne a todos, ya que el extranjero no es sólo nuestro prójimo, sino que somos nosotros mismos ayer o mañana, en función de un destino incierto. Todos somos extranjeros en potencia.

La xenofobia es condenable, pero de ahí no se sigue que sea deseable la xenofilia. Incluso es preciso empezar admitiendo que la presencia de extranjeros en una comunidad puede –también– crear problemas, no porque sean árabes, africanos, musulmanes o magrebíes, sino precisamente porque son extranjeros. Todo el mundo necesita recibir cierto reconocimiento social para sentirse vivo, y cuando no lo encuentra, puede intentar obtenerlo por medio de la violencia. Ahora bien, al extranjero le cuesta mucho más conseguir este reconocimiento social que al autóctono (a menos que se dirija a sus compatriotas, exiliados como él en el nuevo país). A menudo maneja mal tanto la lengua como los códigos culturales del país de adopción. Sufre además la animosidad de los autóctonos, a los que sus maneras les parecen raras. No es sorprendente que el índice de delincuencia sea más elevado entre estos extranjeros desfavorecidos (cabe precisar que no todos los extranjeros se encuentran en esta situación).

A menudo las cosas no se arreglan en la generación siguiente, en los hijos de los extranjeros. Aunque se vieran empujados por razones económicas o políticas, los padres emigraron por voluntad propia y eligieron el lugar en el que viven, pero los hijos no. Al marcharse, los padres poseían una cultura, la de su país de origen. Los hijos ya no la manejan, pero tampoco han adquirido una nueva. Les amenaza la *desculturación*. Su vocabulario se reduce a los términos más indispensables para la supervivencia cotidiana y no les permite captar la experiencia en toda su complejidad. El lugar de las múltiples formas de reconocimiento, bien establecidas y diferenciadas, lo ocupa sólo la exigencia de «respeto» y de prestigio, que recibirá quien tenga la navaja más amenazante, el perro más feroz, los zapatos de la mejor marca y el último modelo de móvil. Estos jóvenes no se reconocen en la sociedad que los rodea, y por eso están dispuestos a destruir sus símbolos, aunque esos gestos destructores les perjudiquen tanto a ellos como a sus seres queridos. Queman los coches de sus propios padres y vecinos, destrozan los ascensores de los edificios en los que viven, atacan los autobuses que les llevan a sus barrios y saquean los centros deportivos destinados a su uso.

El peligro que carcome la vida en los barrios desfavorecidos no es el islam, ni la multiculturalidad, ni la presencia de inmigrantes en sí, sino el proceso de desculturización, efecto de las condiciones de vida que imperan en ellos. La respuesta a esta dificultad no consiste en extender la idea de que todos los inmigrantes son delincuentes potenciales. Las expulsiones masivas, que se deciden en función de una cifra que ya se ha superado, son chocantes, porque pasan por alto por principio la especificidad de cada caso y reducen a los seres humanos a un número. ¿Por qué enviar a sus países de origen a individuos que viven en el nuestro desde hace años, que hablan nuestra lengua, trabajan y tienen vínculos familiares aquí? ¿Por qué no aprovechar que han conseguido integrarse sin ayuda externa y pueden ser útiles para el país? Y lo serán mucho más en cuanto se regularice su presencia.

VIVIR MEJOR JUNTOS

Se plantea entonces la pregunta de qué hacer para que la presencia de los extranjeros sea más fácil para ellos y más beneficiosa para los autóctonos. Toda sociedad es pluricultural, como hemos visto, y en sí no supone el menor problema, pero los miembros de una sociedad deben también disponer de elementos comunes que les permitan vivir juntos. La primera exigencia para todos los habitantes de un país, tanto si han nacido en él como si proceden de otro, es que respeten las leyes y las instituciones, y por lo tanto que asuman el contrato social que lo fundamenta. Pero no debe ejercerse control sobre la identidad cultural de los unos y los otros. Por regla general, la cultura de los emigrantes, diferente de la de la mayoría, está destinada a unirse al coro de voces que forman la cultura del país.

Sin embargo, algunas costumbres que forman parte de la tradición cultural contradicen las leyes del país en el que viven los que las practican. ¿Qué hacer? En principio la respuesta no es complicada, aunque aplicarla a los casos concretos puede plantear problemas: en una democracia, la ley es más importante que la costumbre. Si no se vulnera la ley, quiere decir que la costumbre en cuestión es tolerable. Podemos criticarla, pero no prohibirla. En cambio, no podemos admitir ninguna circunstancia atenuante en los «delitos de honor», cuando los padres de familia o los hermanos deciden castigar a sus hijas o hermanas, las encierran, las maltratan e incluso las matan. Sobre estos delitos, violencias o asesinatos debe caer todo el peso de la ley, y no debemos aceptar como excusa que en determinadas tradiciones se aceptan. En otros casos, disposiciones concretas permiten adaptar la costumbre a las circunstancias del momento (no es lo que se decidió hacer en Francia al promulgar una ley sobre el burka).

Una segunda regla para la buena convivencia entre comunidades de orígenes diferentes que viven en el mismo suelo es que deben poseer, al margen de las tradiciones culturales que les son propias, una base cultural común, un conjunto de conocimientos sobre los códigos en vigor en esa sociedad. Es el papel de la educación, en un sentido que engloba la escuela, pero que va más allá de ella e incluye a los responsables políticos del país. Su objetivo es crear un marco común que permita a las múltiples culturas de la sociedad comunicarse entre sí. Los códigos que adquirimos tienen menos que ver con valores morales y políticos, que son plurales, que con elementos culturales que garantizan el acceso de todos al mismo espacio social. En primer lugar, la lengua, que es fundamental manejar para participar en la vida común y para adquirir los demás elementos de la cultura. A los individuos les interesa manejarla, pero también al Estado, que de esta manera aprovechará mejor sus habilidades. No sería abusivo hacer que la enseñanza de la lengua fuera gratuita y obligatoria para todos aquellos que no saben hablarla. Esta inversión no tardará en ser rentable.

Además de la lengua, los habitantes de un país también necesitan una memoria común. El papel de la escuela es transmitirla, pero en la actualidad es complicado, porque en la misma clase puede haber niños de diferentes países. ¿Hay que intentar facilitar su acceso a su cultura de origen? No es ése el papel de la escuela pública, que pretende que todos manejen la misma cultura, garantía de una vida social exitosa, pero podemos influir en el contenido de esta enseñanza. Los alumnos deben aprender la historia del país en el que viven y que probablemente será el marco de su existencia futura, pero no estamos obligados a interpretar ese pasado como un relato piadoso en el que las personas del país sólo representan dos papeles, el de héroes irreprochables y el de víctimas inocentes. Las situaciones opuestas, que incitan a adoptar un punto de vista crítico sobre la propia comunidad, son más educativas. Los países occidentales se hicieron la guerra durante siglos e intentaron dominar a poblaciones lejanas. Conocer en la actualidad la percepción que tenían de estos episodios los antiguos adversarios puede ser muy instructivo. No se trata de sustituir las leyendas rosas por una leyenda negra, sino de superar el maniqueísmo que impone la división rígida entre el bien y el mal. Esta labor se justifica menos por tener en cuenta la diversidad cultural que por el enriquecimiento que aporta.

Junto con lo que los autóctonos pueden hacer por los extranjeros debemos colocar lo que éstos pueden hacer por aquéllos, y hacen ya, conscientemente o no. La inmigración aporta diversos beneficios a los países de Europa occidental. Aparte de que los inmigrantes recién llegados aceptan hacer trabajos que los autóctonos no quieren, sabemos que la inmigración contribuye al necesario rejuvenecimiento de la población y aumenta la proporción de la población activa respecto de los jubilados. Por regla general, los inmigrantes tienen una ambición y un dinamismo característicos de todos los recién llegados, espíritu emprendedor y capacidad de innovación.

Sin saberlo, hacen también algo más por la población que los acoge. Gracias a su diferencia, les permiten verse a través de la mirada de otro, capacidad que forma parte de la vocación de la especie humana. Nuestro nivel de barbarie o de civilización se mide por cómo percibimos y acogemos a los que son diferentes de nosotros. Los bárbaros son los que

consideran que los otros proceden de una humanidad inferior y merecen ser tratados con desprecio o condescendencia
porque no se parecen a ellos. Ser civilizado no significa haber hecho estudios superiores, o haber leído muchos libros,
y por lo tanto poseer un gran saber. Todos sabemos que esos
conocimientos no impidieron acciones totalmente bárbaras.
Ser civilizado significa ser capaz de reconocer plenamente la
humanidad de los demás, aunque sus rostros y sus costumbres sean diferentes de las nuestras, y saber también ponerse
en su lugar para vernos a nosotros mismos desde fuera.

Las grandes religiones del pasado y del presente recomiendan al individuo que sea hospitalario, que ayude a los
hambrientos y a los sedientos, y que ame al prójimo (que,
como sabemos, no es el próximo, sino el lejano). No podemos recomendar estas cosas a los Estados, pero sus dirigentes deberían abstenerse de fomentar pasiones políticas
primitivas, como la xenofobia. En el mundo actual, en el
que los encuentros con los extranjeros están destinados a
multiplicarse, tenemos que sacar el mejor partido de estos
encuentros tanto en sus países como en los nuestros, con la
cooperación en los suyos, y la integración en los nuestros.
Nuestro interés y nuestra conciencia nos llevan en la misma
dirección.

Si me he extendido tanto en el lugar de los extranjeros y
los inmigrantes en una sociedad moderna, en las relaciones
que mantienen con los autóctonos y en los beneficios que los
unos y los otros podrían obtener de su encuentro, es porque
la xenofobia y el rechazo a los inmigrantes son aspectos centrales de la ideología populista. Esta ideología, que necesita
encontrar explicaciones simples y comprensibles para todo
lo que dificulta la vida cotidiana, crea a un enemigo cercano
para cargarle la responsabilidad de nuestras desgracias. Los
populistas, que ahora cuentan con medios de comunicación
infinitamente superiores a los del pasado, frente a un mundo que se ha convertido en ininteligible para el simple mortal, tienen muchas posibilidades de conseguir que el público
apoye sus soluciones milagrosas, por ilusorias que sean. Se

niegan a mirar más allá del presente y prefieren pasar por alto los múltiples puntos de vista, los conflictos de intereses y la heterogeneidad de la sociedad. Aunque en todo momento reivindican al pueblo, desvían la democracia de su verdadero destino y, como los adeptos del mesianismo y del neoliberalismo, la ponen en grave peligro.

7

El futuro de la democracia

LA DEMOCRACIA: SUEÑO Y REALIDAD

En el invierno 2010-2011 el mundo fue testigo de un acontecimiento imprevisto: en varios países árabes de Oriente Próximo la población expresó espontáneamente su condena a los dictadores que los gobernaban y su deseo de ver instaurarse en su país un régimen democrático. En algunos lugares el movimiento estuvo coronado por el éxito, pero en otros el movimiento se enfrentó a una resistencia encarnizada, y la solución del conflicto sigue siendo incierta. Pero, sea cual sea el destino político de todos estos países, podemos considerar ya establecido que el modelo democrático ejerce hoy en día una gran atracción más allá del mundo occidental que lo vio nacer. El hecho resulta más chocante cuando vemos que este mismo modelo, que ya funciona en América latina y en el sudeste asiático, desempeña un papel en China, cierto que más limitado, porque el enemigo es más poderoso. Los disidentes chinos también reivindican la democracia. Pero esta preferencia por un régimen político no va acompañada de la aspiración a diluirse en el mundo occidental. El resentimiento respecto de este último está muy vivo en los países que fueron víctimas del imperialismo y del colonialismo estadounidense o europeo, de modo que resulta tanto más revelador ver que su población aspira a tener más democracia, un ideal que valoran independientemente de su origen.

Esta aspiración comporta varios elementos. Uno de ellos son las reivindicaciones económicas. El estado de pobreza, incluso de miseria, en el que vive gran parte de la población de estos países se ha hecho especialmente intolerable desde que se ha formado una clase media instruida, y desde que los medios de comunicación públicos difunden por todas partes imágenes de la opulencia en la que viven los privilegiados locales o extranjeros. Aunque sea dudoso que un régimen más democrático aporte la prosperidad a todos, la posibilidad de escapar a los controles puntillosos del Estado o al poder económico de los amigos del poder hace surgir la esperanza de mejora. Pero esta preocupación económica no es ni mucho menos la única. Oímos además reivindicar un Estado de derecho en el que la vida de los ciudadanos escape a la corrupción de los funcionarios, al nepotismo de los poderosos y a la arbitrariedad de la policía. O reivindicar las libertades individuales fundamentales: el derecho a expresar sin miedo las ideas políticas, las preferencias religiosas y la elección de un modelo de vida. Se pide también el pluralismo y mayor libertad para los medios de comunicación, así como la independencia real de la justicia. Parte de la población, que conoce las instituciones democráticas, reclama elecciones libres, el pluripartidismo y que se limite la duración de los mandatos electivos.

Estos movimientos, que se han denominado de forma quizá inadecuada «revoluciones árabes», han ofrecido ya un primer resultado: han mostrado que la población de varios países no europeos comparte las aspiraciones de los pueblos europeos. Ni la civilización árabe ni la religión musulmana impiden sentir la atracción de la democracia. Además han dado una lección política sobre la que merece la pena reflexionar: esta población rechaza la democracia cuando se la imponemos con bombardeos y ocupando el país, pero la defiende cuando es ella misma la que la reivindica. Descubrimos en esta ocasión que la manera de acceder a un ideal puede ser más importante todavía que el contenido.

Este cambio, facilitado por la revolución tecnológica que ha aportado internet, y por lo tanto por la incomparable libertad con la que circula ahora la información, consagra la necesidad de los individuos y de los pueblos de tener más autonomía, de poder organizar su vida como les parece. Ese fundamento social le da la fuerza de una apisonadora. Pero no por ello es del todo seguro que el régimen al que llegarán los movimientos actuales será una democracia parecida a las de Occidente, ni que ese régimen, sea el que sea, será más condescendiente respecto de Occidente que las autocracias anteriores. La historia reciente nos ha mostrado en varias ocasiones que una revolución puede arrastrar el país por un camino funesto, que una nueva dictadura puede sustituir a la que ha caído, pero eso no quita que en general hoy en día la idea de un Estado democrático se percibe positivamente en el mundo entero.

Este sentimiento estaba ya presente en los países de la Europa del Este en la segunda mitad del siglo xx, y en especial a finales de los años ochenta. Puedo dar testimonio de ello. Las democracias occidentales nos atraían porque eran más prósperas y también porque garantizaban la libertad individual de sus habitantes, porque habían instaurado el reino imparcial del derecho y concedido cierto poder al pueblo, que en las elecciones siguientes podía destituir a sus dirigentes. Nuestros regímenes de antaño también se llamaban democracias –añadían «popular», como para suplir con la redundancia de las palabras la ausencia de las cosas–, pero nosotros pensábamos que la buena democracia estaba en otra parte, y seguía siendo nuestro ideal. Hay diferencias entre aquella antigua oleada de democratización y la que presenciamos en este momento, pero se sitúan en otro plano. Para los europeos del este, acceder a la democracia significaba unirse al coro de los países europeos, que no es el caso de los países árabes en la actualidad. Por otra parte, estos países no están controlados por un único centro, como nosotros, que dependíamos de Moscú.

La fe en la superioridad de los valores democráticos se mantuvo entre los que entretanto se habían marchado del paraíso comunista y, como yo, se habían instalado en Occidente. A menudo incluso se reclutaban entre ellos a los defensores más incondicionales de los valores occidentales, a los que no dudaban en recomendar cualquier medio para imponerlos en la parte del mundo de la que venían. Todavía recuerdo una asamblea tumultuosa, en 1967, en la Universidad de Yale (Estados Unidos), en la que un emigrante checo defendía valientemente la intervención estadounidense en Vietnam ante un auditorio hostil. Los anticomunistas más belicosos eran los antiguos comunistas convertidos, que de esta forma conjuraban su pasado. En la actualidad asistimos al mismo fenómeno: los más ardientes partidarios de las intervenciones militares occidentales en Oriente Próximo suelen ser los exiliados iraquíes, afganos y libios, víctimas de su régimen represivo, pero algunas veces también antiguos privilegiados decepcionados. Les indigna la indolencia de sus interlocutores occidentales y no dudan en interpelarlos: ¿Cómo podéis quedaros de brazos cruzados mientras mi pueblo sufre? ¿Creéis que está formado por infrahombres que todavía no son dignos de vuestro régimen democrático?

Me gusta citar una frase de Benjamin Constant, que, hablando de la vida íntima de los individuos, señala: «El objeto que se os escapa es necesariamente muy diferente del que perseguís».[1] Recuerda así que, en el mundo de las pasiones y los deseos humanos, la posición de un objeto no es menos importante que su sustancia. Estoy tentado de ampliar el alcance de su observación. Ahora que he vivido en Occidente el doble de tiempo que en el país en el que nací, sigo entendiendo la reacción de mis antiguos compatriotas, pero no puedo quedarme ahí. Con el tiempo he llegado a compartir también el punto de vista de los que no sueñan con el régimen democrático como un ideal, porque han nacido en él, y para ellos la superioridad de la democracia sobre el totalitarismo o sobre las dictaduras militares no basta para que se sientan satisfechos. A menudo adoptan una posición crítica respecto de su propio país, es cierto que no comparándolo con un supuesto paraíso en otro lugar, como en los tiempos de la triunfante propaganda soviética, sino confrontando el país real con el ideal político que proclama. Ejercen esta crítica no por nostalgia del pasado, sino porque desean un futuro mejor. Llegamos así a este resultado paradójico, aunque comprensible en la lógica que pone de manifiesto Constant: la democracia que no tienes es necesariamente más admirable que la democracia de la que ya dispones. Es cierto que la capacidad de someter la propia sociedad a la crítica forma parte de los logros indiscutibles de este régimen político y del pensamiento de la Ilustración que lo inspira.

Como señalaba al principio de este libro, el régimen democrático no se reduce a una única característica, sino que exige articular y equilibrar varios principios distintos, y de ahí su fuerza y su debilidad. Ningún principio basta por sí solo para garantizar la calidad del Estado en el que vivimos, y ningún objetivo es incondicionalmente bueno. Por ejemplo, es preferible que el pueblo elija al jefe del Estado, o del Gobierno, a que sea impuesto en virtud de su pertenencia a una familia (real) o por la fuerza de un golpe de Estado militar, pero no hay la menor garantía de que esa elección sea la buena. Como me decía el otro día un amigo, Chávez fue legalmente elegido en Venezuela, a Berlusconi lo han elegido varias veces en Italia y Orbán ha sido elegido hace poco en Hungría (mi amigo no añadió: como Hitler fue elegido en Alemania), pero sus actos políticos no parecen defender los valores democráticos. Es cierto, pero la democracia nunca ha pretendido ser infalible, como lo eran los regímenes comunistas. Se supone que otros elementos del edificio democrático contrapesan las desviaciones del jefe de Estado, y por eso los tres mencionados la han emprendido contra determinadas reglas fundamentales: Chávez quería ser presidente de por vida, Berlusconi pretendía escapar de la justicia de su país y Orbán intentaba amordazar la libertad de prensa. El hecho de que no lo hayan conseguido (a diferencia de Hitler) es un signo de vitalidad democrática.

Precisamente porque este tipo de régimen se apoya en varios principios a la vez, la hipertrofia de uno de ellos en detrimento de los demás amenaza el conjunto.

Así, es deseable garantizar el bienestar material de la población, pero si se busca este objetivo excluyendo todo lo demás, se acaba viviendo en un mundo que rinde culto al dinero, el consumo y la diversión. La riqueza global del país también puede significar que una minoría rica es cada vez más rica mientras aumenta la cantidad de desamparados. En este caso olvidamos que la prosperidad de un país es un medio, no un fin.

Las tan proclamadas intenciones pacíficas de los Estados democráticos serían un buen ejemplo a seguir si estos mismos países no provocaran en otros lugares guerras que justifican con el argumento de llevar el progreso y defender los valores universales, que hoy en día se identifican con los derechos humanos. Pero a las poblaciones que sufren la invasión, los sublimes valores en cuestión les suelen parecer una simple máscara que esconde los verdaderos intereses de los beligerantes, y estas guerras tienen consecuencias no menos desastrosas que las iniciativas de conquista, destinadas a proporcionar a los vencedores prestigio, poder y riqueza.

Es justo pedir que el poder resida en el pueblo, pero las sociedades mediáticas de hoy en día permiten manipular al pueblo y suprimir los correctivos institucionales previstos para limitar los excesos de las pasiones populares. La democracia queda entonces sustituida por el populismo, que pasa por alto la diversidad interna de la sociedad y la necesidad de plantearse las necesidades del país a largo plazo, más allá de las satisfacciones inmediatas.

La libertad individual es una exigencia fundamental de la democracia, pero, como hemos visto, puede convertirse en una amenaza. Paradójicamente, la emancipación de los vínculos sociales tradicionales, procedentes de la familia, del medio profesional y del arraigo regional, uniformiza a los individuos, que consumen durante todo el día la misma información, la misma publicidad y los mismos modos. Las antiguas trabas externas quedan de golpe sustituidas por un conformismo no menos rígido. Además, la libertad permite disponer de poder, pero determinados poderes individuales escapan a todo control y a toda limitación, con lo que incumplen la regla de oro de Montesquieu. En nuestros días, el poder político no puede, o no quiere, limitar el poder económico de las multinacionales, los bancos y las agencias de calificación. Ahora bien, la libertad absoluta de los individuos no es un fin deseable, porque lo propio de las sociedades humanas es constituirse a partir de prohibiciones y reglas que organizan la vida común.

El rasgo que todas estas desviaciones comparten es que proceden no de ataques externos, sino de principios internos a la propia democracia. Como decía el director de cine Stanley Kubrick, en la época en que trabajaba en su película *La chaqueta metálica* (1987), cuando describía el entrenamiento de los marines antes de que fueran a luchar a Vietnam: «Hemos conocido al enemigo, y somos nosotros».

EL ENEMIGO EN NOSOTROS

No hay ilusión más difícil de descartar que la de creer que nuestro modo de vida es preferible al de las personas que viven en otro lugar o que han vivido en otra época. En la actualidad no creemos en la idea de un progreso lineal y continuo, pero eso no nos impide esperar que avancemos en la dirección correcta. Hemos visto que esta perspectiva era inherente al proyecto democrático. Sin embargo, si creemos a algunos observadores, nuestra época no sólo no se caracteriza por un proceso de *civilización*, sino que ilustra un estado de *embrutecimiento* cada vez mayor, como muestra el cruel siglo XX.

Es cierto que hoy en día la situación es menos dramática, pero la euforia no es el sentimiento que impera en los países democráticos. En 2011 los principales problemas en Europa han sido la crisis y la debilidad europea, la incapacidad que han mostrado los Estados de la Unión Europea de ponerse de acuerdo sobre la política que deben adoptar, cuando parecía indispensable llegar a un acuerdo, incluso la fragilidad de la joven moneda europea, el euro. Los jefes de estos Estados se comportan casi siempre como los individuos de un país que han decidido ocuparse de sus propios intereses y dejar de lado la defensa del bien común. La esperanza de ver Europa convertida en una «potencia tranquila» no parece cercana. En Estados Unidos, el influyente movimiento Tea Party influye en la política interior y exterior del país en un sentido opuesto a la solidaridad, y toda intervención gubernamental en favor del bien común cae bajo sospecha. Como los poujadistas en Francia, hace más de medio siglo, sus partidarios exigen que se reduzcan drásticamente los impuestos y que se descarte toda idea de redistribución de la riqueza. El presidente Obama, que sin embargo aspira a ocupar una posición centrista de compromiso, no puede llevar a cabo sus reformas de protección social y de moderación ecológica, y sus adversarios lo describen como a un peligroso extremista (unos como un comunista sanguinario, y otros como un terrorista árabe).

Las guerras «humanitarias» suscitan poca resistencia en los países que las llevan a cabo, incluso gozan de buena reputación, con lo que se convierten en la norma de las intervenciones militares occidentales y a la vez representan el resurgimiento del mesianismo político. Pese a las crisis que provoca, la ideología ultraliberal sigue dominando los círculos gubernamentales de muchos países. La globalización económica priva a los pueblos de su poder político, y la lógica del management, que lleva al formateo de las mentes, se expande por doquier. El populismo y la xenofobia aumentan y aseguran el éxito de los partidos extremistas.

La democracia está enferma de desmesura, la libertad pasa a ser tiranía, el pueblo se transforma en masa manipulable, y el deseo de defender el progreso se convierte en espíritu de cruzada. La economía, el Estado y el derecho dejan de ser los medios para el desarrollo de todos y forman parte ahora de un proceso de deshumanización. Hay días en que este proceso me parece irreversible.

Vivir en una democracia sigue siendo preferible a la sumisión de un Estado totalitario, una dictadura militar o un
régimen feudal oscurantista, pero la democracia, carcomida
por sus enemigos íntimos, que ella misma engendra, ya no
está a la altura de sus promesas. Estos enemigos parecen
menos temibles que los de ayer, que la atacaban desde fuera, no tienen previsto instaurar la dictadura del proletariado, no preparan un golpe de Estado militar y no cometen
atentados suicidas en nombre de un dios despiadado. Como
se disfrazan de valores democráticos, pueden pasar inadver-
tidos, pero no por eso dejan de ser un auténtico peligro. Si
no les ofrecemos resistencia, algún día acabarán vaciando
de contenido este régimen político, y dejarán a las personas
desposeídas y deshumanizadas.

Preferimos seguir pensando que lo que condenamos nos
es del todo extraño. La idea de que podríamos parecernos
a aquellos de los que solemos abominar nos resulta tan inso-
portable que corremos a erigir entre ellos y nosotros muros
que querríamos que fueran infranqueables. Ahora bien, sin
pasar al otro extremo y equiparar los diferentes regímenes
políticos entre sí, es importante que admitamos que, aunque
muestran oposiciones indiscutibles, a menudo tienen un
marco común. Como la democracia, el totalitarismo reivindica el pensamiento racional y científico. La democracia
no se confunde ni con el colonialismo ni con el comunismo,
pero los tres albergan a menudo una mentalidad mesiánica.
Esta proximidad quedaba disimulada por la confrontación
general entre países totalitarios y países democráticos, que
imperó en la historia del siglo xx. El bando soviético, en el
que los inmensos recursos de un país-continente estaban al
servicio de la ideología comunista, se convirtió en un verdadero rival y enemigo, lo que hacía legítimo insistir en las
diferencias. Era «el imperio del mal», nada menos. Su desmoronamiento al final de la guerra fría tuvo la ventaja de
liberar a su población, pero también el inconveniente de privar a las potencias occidentales de una contrapotencia que
frenaba sus aspiraciones hegemónicas. Perdieron también al

interlocutor-revulsivo que los incitaba involuntariamente a comportarse bien para que las diferencias entre ellos fueran más profundas.

Una reticencia parecida a descubrir cualquier proximidad con el enemigo apareció después del hundimiento del totalitarismo nazi. Desde el fin de la Segunda Guerra Mundial, y tras conocer los crímenes del nazismo, en concreto la aniquilación y la reducción a la esclavitud de poblaciones enteras en los campos de exterminio y de concentración, la opinión pública occidental siempre ha querido insistir en la distancia que nos separa de aquellos monstruos. Todavía hoy se alzan protestas cada vez que un historiador, un novelista o un cineasta concede a los que llevaron a cabo estos actos motivaciones que podríamos compartir. Se afirma entonces que intentar entender o sencillamente contextualizar los acontecimientos del pasado supone excusarlos. Nos escandaliza pensar que Hitler era un ser humano que tenía ciertos rasgos en común con nosotros. Como ese mal es espantoso, preferimos pensar que es una anomalía monstruosa, ajena tanto a nuestra historia como a nuestra naturaleza.

Sin embargo, no han faltado voces minoritarias que afirmaban lo contrario, aunque no nos apeteciera escucharlas. Reflexionando sobre la historia intelectual del nazismo, uno de los especialistas más perspicaces, George L. Mosse, señalaba que el racismo en el que se apoyaba compartía rasgos con doctrinas mucho más respetables. Escribía que el racismo «no es una aberración del pensamiento europeo, ni algún momento aislado de locura, sino que forma parte de la experiencia europea», que está «vinculado a todas las virtudes que los tiempos modernos no han dejado de alabar».[2] Romain Gary, que durante la guerra luchó en las Fuerzas Francesas Libres, intentó poner de manifiesto desde sus primeros libros la humanidad del enemigo, o, lo que viene a ser lo mismo, nuestra falta de humanidad. En su novela *Tulipe*, publicada en 1946, el tío Nat, un negro de Harlem, dice: «Lo que hay de criminal en el alemán es el hombre». Más tarde, en *La Bonne Moitié*, el argelino Raton dice a su amigo Luc: «¿Sabes cuántos *chleuh* hay en el mundo? Tres mil millones».[3] Según Gary, para explicar el nazismo hay que recurrir no sólo a los tiempos modernos, sino a toda la historia de la humanidad.

Descubrir al enemigo dentro de nosotros es mucho más inquietante que creerlo lejos y totalmente diferente. Mientras la democracia tenía un enemigo al que odiar, el totalitarismo nazi o comunista, podía vivir sin conocer sus amenazas internas, pero hoy debe enfrentarse a ellas. ¿Qué posibilidades tiene de superarlas?

No creo que sea posible (ni por lo demás deseable) un cambio radical, ni que una revolución pudiera resolver todos los problemas. Los actuales cambios de la democracia no son efecto ni de un complot ni de una intención malvada, y por eso son difíciles de frenar. Son consecuencia de la evolución de la mentalidad, que a su vez tiene que ver con una serie de cambios múltiples, anónimos y subterráneos, que van desde la tecnología a la demografía, pasando por la geopolítica. El ascenso del individuo, la adquisición de autonomía por parte de la economía y el mercantilismo de la sociedad no pueden derogarse mediante un decreto de la Asamblea nacional ni volviendo a tomar la Bastilla. La experiencia de los regímenes totalitarios está ahí para recordarnos que si pasamos por alto estas grandes líneas de fuerza históricas, nos encaminamos inevitablemente hacia la catástrofe. Tampoco creo que la salvación resida en una innovación tecnológica cualquiera que nos facilite la vida a todos. La técnica ha avanzado excepcionalmente en el siglo que acaba de concluir y ha permitido dominar cada vez mejor la materia, pero esos avances tienen una consecuencia sorprendente: la consciencia de que ninguna técnica podrá jamás satisfacer todas nuestras expectativas. No basta con mejorar indefinidamente los instrumentos. Debemos además preguntarnos por los objetivos que queremos alcanzar. ¿En qué mundo queremos vivir? ¿Qué vida queremos llevar?

No creo pues en ninguna solución radical. Esta reticencia lleva a veces a la resignación, al cinismo o a lo que algunos llaman nihilismo,[4] la convicción de que todos los actos humanos son vanos y que el mundo avanza hacia su perdición, pero no es mi caso. Si me interrogo por el origen de esta disposición mental en el fondo positiva, lo encuentro, dejando al margen mi posible ingenuidad, en el comportamiento cotidiano de las personas que me rodean. No faltan actos egoístas, autoritarios y malintencionados, pero veo también en estos individuos amor y dedicación a los demás, cercanos o lejanos, pasión por el conocimiento y la verdad, y la necesidad de crear sentido y belleza a su alrededor. Estos impulsos no tienen que ver exclusivamente con la vida privada, sino que proceden de rasgos antropológicos inherentes a nuestra especie, se encuentran en algunas instituciones y en algunos proyectos sociales, y gracias a ellos todo habitante del país puede beneficiarse de la acción de la justicia, de su sistema sanitario, de educación pública y de servicios sociales.

No sé cómo la energía de la que dan muestra estos comportamientos podrá influir en las grandes tendencias de la vida política actual, pero no consigo imaginar que se quede sin consecuencias para siempre.

¿HACIA LA RENOVACIÓN?

En lugar de en una revolución política o tecnológica, buscaría el remedio a nuestros males en una evolución de la mentalidad que permitiera recuperar el sentido del proyecto democrático y equilibrar mejor sus grandes principios: poder del pueblo, fe en el progreso, libertades individuales, economía de mercado, derechos naturales y sacralización de lo humano. Observamos a nuestro alrededor algunos indicios de cuánto los necesitamos, como los debates que han provocado la reciente crisis financiera (no han ido seguidos de efectos concretos, pero al menos se han formulado preguntas fundamentales) y los accidentes tecnológicos (como el de Fukushima). Y también, en otro sentido, las manifestaciones en varios países occidentales, como España y Grecia, de los «indignados», jóvenes que no piden que la democracia sea sustituida por otro régimen, sino que la realidad se acerque más a su ideal: «Democracia real ya». Se trata de movimientos espontáneos y poco articulados que no pueden formular propuestas concretas, pero su sentido parece bastante claro: rechazan el giro neoliberal que han adoptado los gobernantes de estos países. Todavía no podemos saber adónde llevará este movimiento, si a la regeneración de la democracia o al aumento del populismo, pero está claro que expresa una insatisfacción con el régimen tal y como funciona en estos momentos.

Pese a lo que afirmaban los cientificistas, los objetivos de la actividad política no derivan del conocimiento del mundo. Aun así, si no entendemos bien la sociedad en la que vivimos, podemos actuar en sentido contrario. Por eso debemos tener en cuenta lo que nos enseñan las ciencias humanas y sociales sobre las características de la vida individual y colectiva de los hombres. Aquí el realismo no se opone ni al idealismo ni a la política que se inspira en objetivos morales. Va más allá de los binomios que forman el inmovilismo conservador y el voluntarismo ciego, la resignación pasiva y la ensoñación ingenua. Sólo este realismo corresponde a la vocación del político. No podemos pensar con exactitud el futuro de la democracia si creemos que el deseo de enriquecerse es el bien supremo del ser humano, o que la vida en sociedad es una elección entre otras, de alguna manera una opción facultativa.

Desde hace unos años se ha desarrollado un pensamiento ecológico, que en ningún caso se opone a la ciencia, sino que pretende sustituir una ciencia muy parcial por otra más completa que tenga en cuenta no sólo a los seres humanos, sino también el marco natural en el que viven. Esta ecología de la naturaleza debe también completarse. Citando de nuevo a Flahault: «La ecología, tal como la conocemos en la actualidad, todavía no es más que una ecología restringida, ya que se limita a tomar en consideración el ser humano como organismo físico vivo en la tierra. La ecología general piensa la cultura y la sociedad como la ecología piensa ya nuestro medio ambiente físico, y por lo tanto se interesa por las condiciones de la existencia psíquica, por su vulnerabilidad y la de los ecosistemas sociales».[5] La filiación cultural y la vida en sociedad forman parte de la naturaleza humana.

En el marco de este tipo de ecología social y política podremos tener en cuenta la complementariedad entre individuo y colectividad, objetivos económicos y aspiraciones al sentido, deseo de independencia y necesidad de compromiso. Y también en este marco podremos ver por qué hay que ofrecer resistencia a los efectos del neoliberalismo, como la sustitución sistemática de la ley por contratos, las técnicas de management inhumanas y la búsqueda del máximo beneficio inmediato. Podremos además reflexionar sobre las ventajas y los inconvenientes de la diversidad cultural y de imponer los mismos valores morales a todos.

A nivel mundial, ya no de un Estado, las lecciones de la ecología de la naturaleza también deben completarse con las de la ecología social. La primera nos advierte que la población mundial no deja de aumentar y que los habitantes de muchos países disponen ahora de medios para elevar su nivel de vida, mientras que los recursos energéticos, de agua y de tierras fértiles son limitados. La segunda nos enseña que los tiempos de hegemonía mundial de un solo país, incluso de un solo grupo de países, forman parte del pasado, que la humillación que una política arrogante inflige a otros engendra un resentimiento de consecuencias nefastas y duraderas, y que no podemos imponer el bien a los demás, ni siquiera cuando estamos sinceramente convencidos de nuestra superioridad (como ilustra claramente la accidentada suerte de la democracia en Oriente Próximo). Esto significa que hemos entrado en un mundo multipolar en el que la negociación y la búsqueda del interés mutuo dan mejores resultados que la dominación, aunque se ejerza en nombre del bien. Sin embargo, esta nueva perspectiva sobre las relaciones internacionales no nos lleva a concluir, como Bastiat, que avanzamos tranquilamente hacia la armonía universal. Los intereses de los grupos siguen siendo divergentes, y todavía es posible agredir, de modo que sigue siendo necesario poder defenderse.

Me gustaría pensar que la renovación democrática encontrará un lugar propicio en el continente que vio nacer este régimen, Europa. Es fácil entender por qué el marco de la Unión Europea es preferible al de los Estados-naciones de este mismo continente, que dominaban el mundo hace apenas cien años, en vísperas de la Primera Guerra Mundial. Estos Estados son hoy en día demasiado débiles para poder orientar el proceso de globalización en el sentido que consideran útil y desempeñar un papel activo a escala mundial. Pero Europa posee también algunas ventajas importantes frente a otros países de dimensiones considerables, a países-continentes como China, India, Rusia, Estados Unidos y Brasil. Es cierto que, para ser conscientes de ello, debemos observarlo con cierta perspectiva. De momento las ventajas de Europa son sólo potenciales, pero no por ello dejan de ser reales, y es posible que la tortuga europea adelante un día a las liebres que actualmente corren por delante de ella, sobre todo si resulta que no han tomado la dirección correcta.

Estas ventajas se reducen básicamente a una larga experiencia de pluralismo: el de las etnias, que la naturaleza de los territorios en los que viven hizo muy diferentes entre sí, separadas unas de otras por mares y altas montañas, pero obligadas a relacionarse; el de las escuelas de pensamiento, que desde la Antigüedad se enfrentan y se influencian mutuamente: sofistas y platónicos, cristianos ortodoxos y heréticos, humanistas y antihumanistas, liberales y socialistas... Como sabemos, lamentablemente esa experiencia no bastó para impedir las masacres que cubrieron de sangre estas tierras, pero contribuyó a crear una base de valores que deberían permitir oponerse a las diversas formas de deshumanización, las que hoy en día van desde la programación del cerebro hasta la toyotización del comportamiento.

Estas características de las poblaciones europeas no bastan para descartar perversiones de la democracia como el mesianismo, el ultraliberalismo y el populismo, pero forman un terreno desde el cual emprender la resistencia. Si Europa aprovechara la posibilidad que se le presenta de refundar la democracia, contribuiría a perfeccionar un modelo que permitiría dejar atrás la estéril oposición entre sociedad patriarcal represiva y sociedad ultraliberal deshumanizada, modelo que seguirían de buen grado otros países en otras partes del mundo. Pensamos en una «primavera europea», tras la «primavera árabe», que devolviera todo su sentido a la aventura democrática que emprendimos hace varios cientos de años. ¿No ha llegado el momento de escuchar y de poner en práctica el actual llamamiento a la «democracia real ya»?

Todos nosotros, habitantes de la Tierra, estamos hoy implicados en esta aventura, condenados a salir adelante o a fracasar juntos. Aunque todo individuo sea impotente ante la enormidad de los desafíos, no deja de ser cierto que la historia no obedece a leyes inmutables, que la Providencia no decide nuestro destino y que el futuro depende de las voluntades humanas.

Notas

1. MALESTAR EN LA DEMOCRACIA

1. Heródoto, *Historia*, VII, 10.

2. UNA ANTIGUA CONTROVERSIA

1. Mi lectura de este episodio histórico debe mucho a Peter Brown, *Augustin of Hippo. A Biography*, Berkeley y Los Ángeles, University of California Press, 2000 [traducción española: *Agustín de Hipona*, Madrid, Acento, 2001], y a François Flahault, *Adam et Ève. La condition humaine*, París, Mille et Une Nuits, 2007.

2. Cito los textos de Pelagio a partir de B. R. Rees, *Pelagius, Life and Letters*, Woodbridge, The Boydell Press, 1998.

3. F. Dolbeau, «Le sermon 348A de saint Augustin contre Pélage», *Recherches Augustiniennes*, 28 (1995), p. 40.

4. Saint Augustin, *Les Confessions*, París, GF-Flammarion, 1964. [Traducción española, San Agustín, *Confesiones*, múltiples ediciones.]

5. Blaise Pascal, *Pensées*, Br. 430, París, Garnier, 1964. [Traducción española: *Pensamientos*, múltiples ediciones.]

6. Louis Dumont, *Essais sur l'individualisme*, París, Le Seuil, 1983, pp. 59-67. [Traducción española: *Ensayos sobre el individualismo*, Madrid, Alianza, 1987.]

7. Pic de La Mirandole, *La Dignité de l'homme*, Combas, Éd. de l'Éclat, 1993 [traducción española: Pico della Mirandola, *Discurso sobre la dignidad del hombre*, Barcelona, PPU, 2002]; Érasme de Rotterdam, «Diatribe sur le libre arbitre», en *Œuvres*, París, LGF, 1991; Michel de Montaigne, *Les Essais*, París, Arléa, 1992, I,

28 y I, 26 [traducción española: *Ensayos completos*, Madrid, Cátedra, 2003].

8. René Descartes, *Les Passions de l'âme*, 152, en *Œuvres et lettres*, París, Gallimard, «Pléiade», 1953. [Traducción española: *Pasiones del alma*, Madrid, Tecnos, 1998.]

9. Montesquieu, *Œuvres complètes*, París, Le Seuil, 1964; *De l'esprit des lois*, I, 1; XI, 6. [Traducción española: *Del espíritu de las leyes*, Madrid, Tecnos, 2004.]

10. Jean-Jacques Rousseau, *Œuvres complètes*, París, Gallimard, «Pléiade», 1959-1995; vol. II, *Le Contract social*, I, 4 [traducción española: *El contrato social*, múltiples ediciones]; vol. IV, *Lettre à Beaumont*, p. 962.

11. Montesquieu, *De l'esprit des lois*, XI, 4.

12. Jean-Jacques Rousseau, *Essai sur l' origine des langues*, *Œuvres complètes*, vol. V, IX, p. 401 [traducción española: *Ensayo sobre el origen de las lenguas*, Madrid, Akal, 1980]; *Discours sur l'origine de l'inégalité*, *Œuvres complètes*, vol. III-II, pp. 175, 171 [traducción española: *Discurso sobre el origen de la desigualdad entre los hombres y otros escritos*, Madrid, Tecnos, 2002]; «Lettre sur la vertu, l'individu et la société», *Annales de la Société Jean-Jacques Rousseau*, XLI (1997), p. 325.

3. EL MESIANISMO POLÍTICO

1. Apollinaira Souslova, *Mes années d'intimité avec Dostoïevski*, París, Gallimard, 1995, p. 64.

2. Rabaut Saint-Étienne, *Considérations sur les intérêts du Tiers-État*, 2.ª ed., París, 1788, p. 13.

3. Saint-Just, *Discours sur la Constitution à donner à la France*, 24 de abril de 1793, en *Œuvres*, París, 1834, p. 74.

4. Condorcet, *Cinq mémoires sur l'instruction publique*, París, GF-Flammarion, 1994. [Traducción española: *Cinco memorias sobre la instrucción pública y otros escritos*, Madrid, Morata, 2000.]

5. Citado por David Bell, *La Première Guerre totale*, París, Champ Vallon, 2010, p. 163, cuyo análisis sigo aquí.

6. *Ibidem*, p. 133.

7. *Ibidem*, pp. 163, 205, 207.

8. *Ibidem*, pp. 236, 313.

9. *Ibidem*, p. 316.

10. Condorcet, *Esquisse d'un tableau historique des progrès de l' esprit humain*, París, Vrin, 1970, pp. 204, 206. [Traducción española: *Bosquejo de un cuadro histórico de los progresos del espíritu humano*, Madrid, Centro de Estudios Políticos y Constitucionales, 2004.]

11. Citado por Lucien Febvre, «Civilisation, évolution d' un mot et d' un groupe d'idées», en *Civilisation, le mot et l'idée*, París, La Renaissance du Livre, 1930, p. 47; Bell, p. 244.

12. Jules Ferry, *Discours* del 28 de julio de 1885, en *Discours et Opinions*, 7 vols., vol. I, París, 1885, pp. 210-211.

13. François Furet, *La Révolution*, París, Hachette, 1988, vol. I, p. 309.

14. Bell, pp. 89-90.

15. Karl Marx y Friedrich Engels, *Manifeste du parti communiste*, París, GF-Flammarion, 1998, II, p. 92. [Traducción española: *Manifiesto comunista*, múltiples ediciones.]

16. *Ibidem*, I, p. 89; II, pp. 95, 100; IV, p. 119.

17. Véase Martin Malia, *Histoire des révolutions*, París, Tallandier, 2008; París, Points-Seuil, 2010, pp. 334, 369.

18. Lo he analizado más extensamente en mi libro *Mémoire du mal, tentation du bien*, París, Robert Laffont, 2000, pp. 257-308, ahora recogido en *Le Siècle des totalitarismes*, París, Robert Laffont, «Bouquins», 2010, pp. 783-842. [Traducción española: *Memoria del mal, tentación del bien*, Barcelona, Península, 2002.]

19. Charles Péguy, *L'Argent suite*, París, 1913, p. 149. [Traducción española: *El dinero*, Madrid, Narcea, 1973.]

20. He dedicado dos libros a la guerra de Irak y a sus consecuencias: *Le Nouveau Désordre mondial*, París, Robert Laffont, 2003, y *La Peur des barbares*, París, Robert Laffont, 2008. [Traducciones españolas: *El nuevo desorden mundial*, Barcelona, Península, 2003, y *El miedo a los bárbaros*, Barcelona, Galaxia Gutenberg/Círculo de Lectores, 2009.]

21. H.D.S. Greenway, «Fatal Combination of Hubris and Incompetence», *Boston Globe*, 3 de septiembre de 2003; M. Scheuer, *Imperial Hubris: Why the West is Losing the War on Terror*, Washington DC, Potomak, 2005; M. Issikoff y D. Corn, *Hubris: The Inside Story of Spin, Scandal, and the Selling of the Iraq War*, Nueva York, Crown, 2006; D. Owen, *The Hubris Syndrom: Bush, Blair and the Intoxication of Power*, Londres, Politico's, 2007.

22. Serge Portelli, «Les mots, première dérive, premier combat», *Mémoires*, 53 (2011), p. 8.

23. Michael T. Flynn, *Fixing Intel: A Blueprint for Making Intelligence Relevant in Afghanistan*, Washington DC, Center for a New American Century, 2010, p. 8.

24. Véase *Le Monde*, 13-14 de marzo de 2011.

25. Pascal, *Pensées*, Br. 358.

4. LA TIRANÍA DE LOS INDIVIDUOS

1. Benjamin Constant, *Principes de politique applicables à tous les gouvernements*, Ginebra, Droz, 1980, II, 1, p. 49. [Traducción española: *Principios de política aplicables a todos los Gobiernos*, Madrid, Katz Barpal, 2010.]

2. *Ibidem*, II, 6, p. 58; XII, 1, p. 275.

3. L. Dumont, *Homo aequalis*, París, Gallimard, 1977, p. 15. [Traducción española: *Homo Aequalis*, Madrid, Taurus, 1982.]

4. Helvétius, *De l'esprit*, París, Fayard, 1988, p. 9. [Traducción española: *Del espíritu*, Madrid, Editora Nacional, 1983.]

5. B. Constant, «Additions» (1810) de los *Principes de politique*, p. 531.

6. Véase F. Flahault, *Le Crépuscule de Prométhée*, París, Mille et Une Nuits, 2008, pp. 60-76. [Traducción española, *El crepúsculo de Prometeo*, Barcelona, Galaxia Gutenberg, en prensa.]

7. *V.V. Rousseau Émile*, en *Œuvres complètes*, vol. IV, II, p. 311. [Traducción española: *Emilio*, múltiples ediciones.]

8. B. Constant, *Commentaire sur l' ouvrage de Filangieri*, París, Les Belles-Lettres, 2004, I, 7, pp. 51-52.

9. *Ibidem*, I, 7, pp. 53-54; II, 11, p. 186; II, 9, p. 176; IX, 6, p. 332.

10. Los escritos de Frédéric Bastiat se encuentran en libre acceso en internet.

11. Sobre la doctrina y la persona de Ayn Rand puede leerse el capítulo «Prométhée, version ultralibérale» del libro de Flahault sobre la figura de Prometeo, pp. 183-236.

12. *Ibidem*, p. 235.

13. F.A. Hayek, *La Route de la servitude*, París, PUF, 1985, p. 148. [Traducción española: *Camino de servidumbre*, Madrid, Alianza, 2010.]

14. *Ibidem*, p. 20.

15. *Ibidem*, p. 32.

16. *Ibidem*, p. 69.

17. F.A. Hayek, *Droit, législation et liberté*, París, PUF, 3 vols., 1980-1983, vol. II, p. 135. [Traducción española: *Derecho, legislación y libertad*, Madrid, Unión Editorial, 2006.]

18. Benjamin Barber, «Patriotism, Autonomy and Subversion», *Salmagundi*, 170-171 (2011), p. 125.

19. F. Flahault, *Le Crépuscule de Prométhée*, p. 247.

20. *Le Monde Diplomatique*, abril de 2010.

21. Edmund Burke, *Réflexions sur la révolution en France*, París, Hachette-Pluriel, 1989, pp. 10-11. [Traducción española: *Reflexiones sobre la Revolución en Francia*, Madrid, Alianza, 2010.]

22. Montesquieu, *Lettres persanes*, carta 104, en *Œuvres complètes*. [Traducción española, *Cartas persas*, múltiples ediciones.]

23. H.D. Lacordaire, *La Liberté de la parole évangélique*, París, Éditions du Cerf, 1996, pp. 342-343.

24. Véase F. Flahault, *Le Paradoxe de Robinson*, París, Mille et Une Nuits, 2005.

25. Alain Supiot, *Homo juridicus*, París, Le Seuil, 2005, p. 8.

26. Pascal, *Pensées*, Br. 479; Br. 471.

27. J.J. Rousseau, *Émile*, IV, *Œuvres complètes*, vol. IV, p. 503; *Dialogues*, II, *Œuvres complètes*, vol. I, p. 810.

28. Montaigne, *Les Essais*, I, 28.

29. B. Constant, *De la liberté chez les Modernes*, París, LGF, 1980, p. 506; *Œuvres*, París, Gallimard, «Pléiade», 1979, p. 79.

30. B. Constant, *De la religion*, Arles, Actes Sud, 1999, p.83; *Filangieri*, p. 135; *Journal*, 26 de abril de 1805, en *Œuvres*.

31. B. Constant, *A Annette de Gérando,* 5 de junio de 1815, en B. Constant y Madame Récamier, *Lettres 1807-1830*, París, Champion, 1992.

5. LOS EFECTOS DEL NEOLIBERALISMO

1. A. Supiot, p. 9. Sigo aquí su análisis.

2. Bascha Mika, *Die Freiheit der Frauen*, Múnich, Bertlesmann, 2011, citado en *Books*, 22 (2011), p. 11.

3. Aquí me inspiro algunas veces en varios trabajos de Jean-Pierre Le Goff. Véase, por ejemplo, *La Barbarie douce*, París, La Découverte, 2003.

4. Matthew Crawford, *Éloge du carburateur*, París, La Découverte, 2010, p. 36. [Edición original: *Shop Class as Soulcraft*, Nueva York, Penguin Press, 2009.]

5. Supiot, pp. 255-256.

6. *Ibidem*, p. 252.

7. He dedicado al análisis de este «caso» varias páginas de mi libro *La Peur des barbares*, París, Robert Laffont, 2008, pp. 201-223. [Traducción española: *El miedo a los bárbaros*, Barcelona, Galaxia Gutenberg/Círculo de Lectores, 2008, pp. 199-220.]

8. Vassili Grossman, *Œuvres*, París, Robert Laffont, 2006, p. 1011.

9. B. Constant, «Préface» a *Mélanges de littérature et politique* (1829), en *De la liberté...*, p. 519.

6. POPULISMO Y XENOFOBIA

1. *Le Monde*, 20 de noviembre de 2009.

2. Condorcet, *Cinq mémoires*, p. 91.

3. Lo he analizado con más detalle en *La Peur des barbares*, pp. 119-124. [Traducción española, pp. 118-123.]

4. *Le Monde*, 10 de mayo de 2011.

7. EL FUTURO DE LA DEMOCRACIA

1. B. Constant, *Journal*, 2 de mayo de 1804, en *Œuvres*.

2. G.L. Mosse, *Toward the Final Solution, A History of European Racism*, Nueva York, Howard Fertig, 1978; Harper & Row, 1980, pp. XIV-XV, 234.

3. Romain Gary, *Tulipe*, París, Gallimard, 1970, p. 85; *La Bonne Moitié*, París, Gallimard, 1979, p. 141.

4. Véase Nancy Huston, *Professeurs de désespoir*, Arles, Actes Sud, 2004, pp. 19-20.

5. F. Flahault, *Le Crépuscule de Prométhée*, París, Mille et Une Nuits, 2008, pp. 285-286.

Índice onomástico

Abdul Jalil, Mustafa, 69,
   71-72
Agustín, san, 18, 20-21, 24-28,
   30-31, 86, 89-90, 103,
   112, 143, 195
Alarico, 18
Artábano, 14

Babeuf, Gracchus, 43
Bakunin, Mijaíl, 43
Barber, Benjamin, 98, 199
Bastiat, Frédéric, 90-91, 93,
   99, 102, 193, 198
Beck, Ulrich, 112
Belhadj, Abdelhakim, 71, 75
Bell, David, 196-197
Berlusconi, Silvio, 7, 183
Bettencourt, Liliane, 97
Blair, Tony, 58, 136
Blanc, Louis, 43
Blocher, Christophe, 146
Bossi, Umberto, 7
Breivik, Anders Behring,
   166-167
Brissot, Jacques Pierre, 39
Brown, Peter, 195
Burke, Edmund, 102-103,
   131, 199
Bush, George W., 53, 58, 62,
   73-74, 77

Calvino, Juan, 29
Cameron, David, 135, 156,
   159-161
Carnot, Lazare, 40
Chaplin, Charlie, 122, 126
Chávez, Hugo, 183
Clinton, Bill, 77
Condorcet, Antoine, 36-39,
   41-44, 83, 86, 89-90,
   196-197
Constant, Benjamin, 84-86,
   88-90, 95, 102, 104, 107,
   141, 182-183, 198-199
Constantino, 17
Corn, D., 197
Crawford, Matthew, 124, 200

Danton, Georges Jacques, 40
Descartes, René, 29, 196
Diderot, Denis, 30
Dolbeau, François, 195
Dostoievski, Fedor M., 196
Drumont, Édouard, 7, 130
Dumont, Louis, 29, 85, 195,
   198

Engels, Friedrich, 43, 45, 93,
   197
Erasmo de Rotterdam, 29, 195
Esopo, 6

Febvre, Lucien, 197
Ferry, Jules, 42, 197
Filangieri, Gaetano, 88
Flahault, François, 15, 93, 99,
    191, 195, 198-200
Flynn, Michael T., 60, 198
Fortuyn, Pim, 145
Fourier, Charles, 43
Friedman, Milton, 99
Furet, François, 197

Gadafi, Muamar, 65, 68-75,
    81
Gary, Romain, 188-189, 200
Gobineau, Joseph Arthur de,
    157
Goya, Francisco de, 76
Greenway, H.D.S., 197
Grossman, Vasili, 133, 200

Haider, Jörg, 7
Hayek, Friedrich A., 92-95,
    104, 198-199
Hegel, Georg Wilhelm
    Friedrich, 44-45
Helvétius, Claude Adrien, 86,
    198
Heródoto, 14, 195
Herzen, Alexandre I., 43
Hitler, Adolf, 138, 167, 183,
    198
Hussein, Saddam, 55
Huston, Nancy, 200

Issikoff, M., 197

Jerjes, 14
Jesucristo, 23, 27
Juppé, Alain, 68, 72

Kipling, Rudyard, 62
Kjaersgaard, Pia, 146
Kubrick, Stanley, 185

Lacordaire, Henri
    Dominique, 103, 105,
    118, 199
Leclerc, Charles, Victor
    Emmanuel, 42
Le Goff, Jean-Pierre, 200
Lenin, Vladimir I., 45-46
Le Pen, Jean-Marie, 146
Le Pen, Marine, 147
Locke, John, 89, 104
Longuet, Gérard, 68
Lutero, Martín, 29

Malia, Martin, 197
Mandeville, Bernard, 89-90
Manning, Bradley, 137
Mao Tsé-Tung, 49
Marx, Karl, 43, 45, 89-90, 93,
    197
Masséna, André, 41
Merkel, Angela, 156, 158
Mika, Bascha, 199
Mises, Ludwig von, 92, 95
Mladic, Ratko, 81
Mahoma, profeta, 130, 138,
    146
Montaigne, Michel de, 29,
    106, 195, 199
Montesquieu, Charles de
    Secondat, barón de, 30-32,
    35-36, 84, 102, 104, 129,
    185, 196, 199
Mosse, George L., 188, 200
Murat, Joachim, 41
Murdoch, Ruppert, 135-136

Napoleón Bonaparte, 35,
40-42, 48, 76, 84
Newton, Isaac, 85-86

Obama, Barack, 61-64, 73, 77,
139, 186
Orbán, Viktor, 183
Orwell, George, 63
Owen, D., 197

Pablo, san, 25
Pascal, Blaise, 29, 81,
105-106, 195, 198-199
Péguy, Charles, 54, 197
Pelagio, 17-23, 24-27, 29-32,
36, 86, 90-91, 93, 105,
112, 143, 195
Pico della Mirandola,
Giovanni, 29, 195
Pinochet, Augusto, 94
Pol Pot, 49
Portelli, Serge, 58, 198
Proudhon, Pierre Joseph, 43

Rabaut, Saint-Étienne,
Jean-Paul, 37-38, 196
Rand, Ayn, 92, 198
Reagan, Ronald, 94
Rees, B. R., 195
Rembrandt, van Rijn, 146
Robespierre, Maximilien de,
40
Rousseau, Jean-Jacques, 30,
32, 35-36, 87, 106, 150,
196, 199
Rufino de Aquilea, 22
Rutte, Mark, 156

Saint-Just, Louis Antoine,
37-39, 86, 196

Saint-Simon, Charles Henri,
43, 87, 127
Sarkozy, Nicolas, 68, 153,
156
Sarrazin, Thilo, 7, 156-158
Scheuer, M., 197
Schiller, Friedrich von, 44
Seehofer, Horst, 158
Semler, Johann Salomon, 30
Smith, Adam, 85, 88-90, 97,
104
Souslova, Appolinaria, 35
Suslov, Mijaíl, 133
Spinoza, Baruch, 146
Staël, Germaine de, 40
Stalin, Iósif, 9, 50, 126
Strauss, Leo, 6
Supiot, Alain, 105, 115,
199-200
Tarhuni, Ali, 71
Taylor, Charles, 80
Taylor, Frederick W., 126
Thatcher, Margaret, 94, 115
Teodosio, 17
Toussaint-Louverture, 42

Voltaire, François-Marie
Arouet, llamado, 30,
138

Weber, Max, 78
Wilders, Geert, 7, 146, 167,
169
Woerth, Éric, 97

Yibril, Mahmud, 71

Yunes, Abdel Fatah, 71

Zuma, Jacob, 70

Índice

1. MALESTAR EN LA DEMOCRACIA 5
Las paradojas de la libertad, 5. –Enemigos externos e internos, 8. –La democracia, acechada por la desmesura, 11

2. UNA ANTIGUA CONTROVERSIA 17
Los personajes, 17. –Pelagio: voluntad y perfección, 19. –Agustín: inconsciente y pecado original, 24. –El desenlace del debate, 27

3. EL MESIANISMO POLÍTICO 35
El momento revolucionario, 35. –Primera oleada: guerras revolucionarias y coloniales, 39. –Segunda oleada: el proyecto comunista, 43. –Tercera oleada: imponer la democracia con bombas, 50. –La guerra de Irak, 53. –Daños internos: la tortura, 56. –La guerra de Afganistán, 59. –Las tentaciones del orgullo y del poder, 62. –La guerra de Libia: la decisión, 64. –La guerra de Libia: la ejecución, 67. –Idealistas y realistas, 72. –La política frente a la moral y la justicia, 76

4. LA TIRANÍA DE LOS INDIVIDUOS 83
Proteger a los individuos, 83. –Explicar las conductas humanas, 85. –Comunismo y neoliberalismo, 91. –La tentación integrista, 96. –Los puntos ciegos del neoliberalismo, 102. –Libertad y apego, 105

5. LOS EFECTOS DEL NEOLIBERALISMO 109
¿Es culpa de la ciencia?, 109. –Retroceso de la ley, 114. –Pérdida de sentido, 118. –Técnicas de management, 121. –El poder de los medios de comunicación, 129. –La li-

bertad del discurso público, 133. –Los límites de la libertad, 139

6. POPULISMO Y XENOFOBIA 145
El ascenso de los populismos, 145. –El discurso populista, 148. –La identidad nacional, 153. –Abajo la multiculturalidad: el caso alemán, 156. –Gran Bretaña y Francia, 159. –Sobre el pañuelo, 162. –Un debate puede esconder otro, 168. –El intercambio con los extranjeros, 171. –Vivir mejor juntos, 174

7. EL FUTURO DE LA DEMOCRACIA. 179
La democracia: sueño y realidad, 179. –El enemigo en nosotros, 185. –¿Hacia la renovación?, 190

Notas 195

Índice onomástico. 201